電車が好きな子はかしこくなる

鉄道で育児・教育のすすめ

弘田陽介
Hirota Yōsuke

交通新聞社新書 117

はじめに

電車が好きな子はかしこくなるの？

　どこに行っても、鉄道の駅では、幼い子どもが、電車を興味津々に見つめています。電車を見下ろせる橋や線路近くの公園には、必ずと言っていいほど親子連れの姿があります。鉄道を扱った絵本やおもちゃは、大型の書店やおもちゃ屋に行けば、一つの棚では収まりがつかないほどたくさん販売されています。

「子どもはなぜ電車が好きなのか」。この問いは、私の前著のタイトルそのままです。「こんな本を書いているんですよ」と言うと、子どもを持つ多くの方からほとんどオウム返しのように「なんで子どもは電車が好きなんですか」と質問を受けます。その際には、私はこう答えることにしています。まず一つ目には「鉄道は子どもの成長に応じた遊びの素材を提供してくれる」からです。そして、二つ目は、「鉄道やその関連の素材を通して、今持っている興味を子どもは拡げることができる」から、最後の三つ目は、「日本の鉄道や書籍、おもちゃの環境は世界に類を見ないものであり、日本の子どもの成長に大きく寄与している」からです。

本著のタイトルは、「電車が好きな子はかしこくなる」です。「好きこそものの上手なれ」とは言いますが、鉄道好きだからといって、鉄道のことについてはいろいろな知識をもって、それについては秀でてかしこくなるかもしれません。しかし、世間一般で言うところのかしこさというのは、学校の勉強や入学試験に代表されるような知識を吸収し、その知識を用いて考えることができるということです。また別の解釈では、人々の中で場に応じて適切に考え行動できるということでしょう。「えっ、鉄道好きな子は、そういう意味でもかしこくなるの?」と、皆さんはまだこの本の「はじめに」を読まれた時点では思われているかもしれません。でも、本当にかしこくなるんです。鉄道の世界だけではなくて、一般に言われるような、世間で立派に生きていくためのかしこさを得ることができるんです。私はそのことを示そうと思って、この本を書きました。

かしこさの中身 「認知スキル」と「非認知スキル」

今、日本の教育界では、今後やってくる未来の危機に対する備えとして、幼児教育・保育から大学教育までを大改革しようとしています。現在、文部科学省は、将来やってくると言われる人工知能やロボットによって人間の仕事が奪われていく時代に備えて、人間ならではの能力・スキルを学校で真剣に磨いていかないといけないと考えています。この改革のキーワードが「認知スキル」と「非認知スキル」です。

「認知スキル」とは、先進国で作られる経済や社会についてのシンクタンクＯＥＣＤ（経済協力開発機構）の定義によると、一般的に言う記憶力や理解力を指しますが、それらをもとに考え、未知のことを予測する能力も含みます。学力やＩＱに代表されるような数字に表すことが可能で成長可能な能力です。鉄道好きなら、記憶力も高まるし、学力やＩＱとも関係しそうです。

「認知スキル」は今後、人工知能が人間のパートナーとして担っていくものになるかもしれません。しかし、知識をどう用いるか、予測が立たないものをどう考えるかといった能力は人間がぜひとも磨いていかなければならないものです。

さて、もう一つの「非認知スキル」とは、「社会情動的スキル」とも言われます。それは具体的に言えば、「忍耐力」「自己抑制」「社交性」「敬意」「自尊心」などがあげられています。つまり、社会的に他の人と関わったり、または自分で自分のことをよく理解して、社会との関わりで自己をコントロールしたりする能力を含みます。一般的な言葉では、やり抜く力、協調性、思いやり、自制心などがあげられます。こちらのスキルは、人工知能では今のところ対応が難しく、人間ならではの能力で、自分をどうやって高め、また周囲の人々とどのようにうまく協同的に活動できるかに関わるものです。でも、本当に電車好きでそういう能力が育つのでしょうか。

私は育つと断言します。しかしながら、この後者の「非認知スキル」を育てるには、保護者や周りの方の理解が必要になってきます。前者の「認知スキル」に関しては、子どもは自分の関心に沿って、やりたいだけ好きなことを追求すれば、それは育ちます。ですが、「非認知スキル」は周囲の方々の理解がないと育たない能力です。つまり、自分一人では育てることができず、周りの人々との感情的な日常の関わりをベースに、社会とつながることでしか育たない能力なのです。

鉄道はマニアだけの世界ではない

これまで成人の鉄道好きは、「鉄ちゃん」や「鉄オタ」と呼ばれ、一般的には社会からは隔絶されたオタクのコミュニティだけで生きている人々と認識されてきました。そのような認識には、様々な誤解も多分に含まれていますが、一面では的を射ているところもあるでしょう。インターネット上には、「撮り鉄」と言われる鉄道好きの中の、一部の悪質な鉄道マニアが立入禁止区域に入り込んで写真撮影をした、などといったニュースが配信され、そのニュースには「やっぱりあの連中は……」といったコメントがつけられていますす。そして、鉄道マニア自身も、一般社会から切り離されていることを自覚していますし、マニアになればなるほど、一般的な理解から及ばない世界を追求することでアイデンティティーを得ています。

ですが近年、鉄道はマニアだけの世界ではないことが、世間の人々にも理解されてきています。中高年向けのラグジュアリートレインは予約をまったく入れることができないほどの人気です。若い女性でも、鉄道好きを公言する方が少なくありませんし、従来ではオタクと呼ばれるような分野にまで足を踏み入れています。そして、鉄道好きの子どもに引っ張られるように、お母さん方も鉄道の魅力に目覚めてきているように思われます。「ママ鉄」という名称も一般に浸透してきています。それほど鉄道が好きではなかったお母さんを巻き込んで、親子一緒に鉄道にハマるというケースもよく聞きます。

親子をつなぐ鉄道の世界

親子で同じものに関心を寄せるということは、発達心理学では「共視」とか「並ぶ関係」と言い、親子の愛着関係を育むものと考えられます。親子が、抱っこや手をつないだ形で身体を接触させて、遠くからやってくる鉄道のように同じ対象を見つめます。そして、同じものを見ることで心がつながります。このようなことで、親と子はさらに愛着の絆を深めます。

2～3歳になると、子どもの電車おもちゃ遊びに親は一緒に関わることができるようになります。プラレールのレールを一緒に組み立てたり、おもちゃの実物を大きな駅まで見に行ったりといった関わりが生まれます。また、子どもが言葉を吸収したり、字が読めるようになったりすると、親子一緒に路線図を見て、休日に遠出する際に行き方を考えたり、時刻表から乗り継ぎを考えたりするようになるでしょう。

保護者と一緒に子どもが鉄道を介して学んでいくことは、先程述べたように、記憶力、学力やIQといった認知スキルと、それ以外の人間関係や自己コントロールの非認知スキルの両面を育てることになります。本書では、発達に応じてそれぞれの能力の高める工夫や、幼児教育現場で行われている実践例を紹介・検討していきます。

このようなことで、小さな鉄道好きのお子さんがおられる保護者の皆様、ご安心くださ い！　というのが本書の一番のメッセージです。鉄道が日本で走り出した明治の時代から、鉄道は教育の題材になっています。鉄道の絵本はロングセラーも新刊本も数多くあり、今も子どもは保護者の膝の上でそれらの絵本を読み続けています。親子の姿は今も昔も鉄道線路沿いに見られます。運転席をのぞき込む子どもは、運転士さんの仕事振りや計器の動きを見つめています。プラレールは半世紀以上も子どもの育ちを見守り続けています。長きにわたって行われてきた鉄道の学びは、これまでに優れた人物をたくさん育ててきています。

本書はそのような鉄道の学びをまとめた本ですが、実は本書のような体系的な研究の書は世界中どこにもないと自負しています。まだまだ研究といっても私の拙い学識と経験によるもので、不備や不足もあると思いますが、読者の皆様の経験で本書を補っていただき、「うんうん、そうそう」と読んでいただければ幸いです。それでは、そろそろ行きましょう。しゅっぽつ、しんこう！

電車が好きな子はかしこくなる――目次

第二章　人と鉄道の関わりの中で育つ「非認知スキル」……55

第三章

鉄道の卒業は4歳頃
4歳以降の鉄道好きには、利点が多くある
なぜ、男児の方が鉄道をより好むのか
「システム」の男児、「共感」の女児
女児にこそ鉄道を
特性を理解し、苦手なところは長い目で補っていく
車でも飛行機でも船でもなく、なぜ鉄道なのか
日本の鉄道おもちゃは多種多様である
改めて、鉄道こそが子どもをかしこくする
代表的な鉄道おもちゃ　プラレールについて
プラレールで身の回りの社会を学ぶ
プラレールで創造性を育む

第一章

鉄道は「認知スキル」を育てる身近な素材

1～3歳くらいの男の子は鉄道が好き

多くの子どもは鉄道が好きということは知っていますが、データからそれを確認しておきましょう。毎月、保護者向けにインターネット上で行われている「バンダイこどもアンケート」のうち、毎年5月分が「お子さまの好きなキャラクターに関する意識調査」になっています。２０１７年5月調査分の男女総合ＴＯＰ10では、「それいけ！アンパンマン」が総合1位で全体得票率のうち11・5％（単一回答）です。それに比べて、鉄道が登場するものとしては、10位の「きかんしゃトーマス」で3・0％となっています。このようなアンケートを見ると、子どもはそんなに鉄道を好きではないのかな、もしくは子どもの好きなキャラクターには鉄道を題材にしたものは少ないのかなと思ってしまいます。現在、「きかんしゃトーマス」もしくは近年作られた鉄道キャラクターである「チャギントン」は地上波、ＢＳなどで放送されていますが、そのテレビ番組の存在はそれほど多く知られているわけではありませんので、一般的に子ども全体を対象にすると、やはり鉄道キャラクターはそれほど人気があるわけではないのだろうということになります。

ですが、この調査の男児0～2歳のランキングでは「きかんしゃトーマス」は11・0％で2位、また男児3～5歳のランキングでは10・0％で3位となっています。また男児の

「バンダイこどもアンケート」「お子さまの好きなキャラクターに関する意識調査」2017年5月調査分より

【好きなキャラクターランキング】
（単一回答　n=800）

男女総合TOP10		
1位	それいけ！アンパンマン	11.5%
2位	ドラえもん	7.1%
3位	妖怪ウォッチ	5.6%
4位	ポケットモンスター	5.3%
5位	プリキュアシリーズ	4.5%
6位	名探偵コナン	4.1%
7位	アナと雪の女王	3.4%
8位	いないいないばあっ！	3.3%
9位	しまじろう	3.1%
10位	きかんしゃトーマス	各3.0%
	スーパー戦隊シリーズ	

【好きなキャラクターランキング】（0〜12歳　男女別　各n=400）

男子TOP5		
1位	ドラえもん	10.8%
2位	それいけ！アンパンマン	10.3%
3位	妖怪ウォッチ	8.3%
4位	ポケットモンスター	6.8%
5位	きかんしゃトーマス	6.0%

女子TOP5		
1位	それいけ！アンパンマン	12.8%
2位	プリキュアシリーズ	9.0%
3位	アナと雪の女王	6.3%
4位	ディズニープリンセス	5.3%
5位	しまじろう	各5.0%
	すみっコぐらし	

【好きなキャラクターランキング】(男女・年齢別 各n=100)

男子0〜2歳TOP3		
1位	それいけ!アンパンマン	34.0%
2位	きかんしゃトーマス	11.0%
3位	いないいないばあっ!	10.0%

女子0〜2歳TOP3		
1位	それいけ!アンパンマン	39.0%
2位	しまじろう	16.0%
3位	いないいないばあっ!	14.0%

男子3〜5歳TOP3		
1位	スーパー戦隊シリーズ	15.0%
2位	ドラえもん	11.0%
3位	仮面ライダーシリーズ	各10.0%
	きかんしゃトーマス	

女子3〜5歳TOP3		
1位	プリキュアシリーズ	24.0%
2位	それいけ!アンパンマン	各11.0%
	ディズニープリンセス	

男子6〜8歳TOP3		
1位	妖怪ウォッチ	21.0%
2位	ドラえもん	16.0%
3位	ポケットモンスター	8.0%

女子6〜8歳TOP3		
1位	すみっコぐらし	13.0%
2位	アナと雪の女王	10.0%
3位	ポケットモンスター	8.0%

男子9〜12歳TOP3		
1位	名探偵コナン	15.0%
2位	ドラえもん	14.0%
3位	ポケットモンスター	13.0%

女子9〜12歳TOP3		
1位	名探偵コナン	12.0%
2位	アナと雪の女王	各7.0%
	妖怪ウォッチ	
	ポケットモンスター	

6〜12歳や、女児のランキングでは、このように上位には入っていません。この結果は、子どもがいる家庭の方にはうなずけるものです。よく知られるように、子どものうち、特に1〜3歳くらいまでの男の子が特に鉄道好きで、女の子や4歳以上の男の子はあまり鉄道を好まないのです。

このような傾向は、私が行った調査でも裏付けられています。2015年および2016年に大阪府・兵庫県の公立・私立幼稚園の保護者を対象として、幼い子どものいる家庭の育児場面の実態をアンケート調査しました。2015年の調査は305名の保護者の方に、2016年のものは287名の保護者の方に答えてもらいました。

この調査から、先に述べたような保護者の実感はデータとしても裏付けられています。つまり、特に1〜3歳の男の子が、他のキャラクターや遊びと比べても、乗りもの、特にその中でも鉄道を好みます。

2016年の調査でデータを示しますと、287名（男児145名、女児142名）の子どもを持つ保護者の中で、お子さんが乗りものに興味があると回答したのは、135名です。そのうち、男児は91名、女児は44名となっています。その135名の回答のうち、特に鉄道とそれに類するものに関する記述は、51記述でした。その内訳で、93・5％の記

子どもと男性保護者の関わりを答える保護者の自由記述内に見られた乗りもの関連のキーワード（芝田・弘田2015の論文より）

項目	0歳	1歳	2歳	3歳	4歳	5歳	6歳	合計
電車	2	6	19	9	4	0	1	41
プラレール	0	5	13	12	6	1	0	37
きかんしゃトーマス	0	3	8	1	1	0	0	13
車	1	15	4	8	1	7	0	36
ミニカー	0	4	4	0	2	0	0	10

述は男児の保護者によるものでした。このようなことを勘案しますと、圧倒的に鉄道好きは男の子ということになります。

また、３歳くらいから鉄道を離れて、仮面ライダーや戦隊モノ、そして違うキャラクターや遊びに興味を持ち始めます。上の表は２０１５年の調査によるものですが、子どもと男性保護者の関わりについて、自由記述で答えてもらいました。「電車」とそれに関連するようなキーワード、および「車」とそれに関連するようなキーワードの年齢別の出現頻度を示しています（年齢別に一番数が多いものに網掛けをしています）。これを見ると、鉄道および車といった乗りものに対する子どもの関心は、保護者の目から見て、２歳にピークを迎えると考えられます。また、４～６歳時にも乗りものについての記述は見られますが、この時期のものは「電車に興味がなくなる」といった記述も含まれています。ここで確認していただきたいのは、1〜3歳くらいの男の子は鉄道が好きだということです。そして、だいたい、3〜4歳くらいからは違うキャラクターや遊びに興味を持ち始めて、多くの子どもは鉄道への関心を他のものへと移していきます。鉄道への興味の卒業についてはまた第三章で論じますが、多くの子どもは一度は鉄道好きになります。私は、「はじめに」ですでに、「子どもは電車が好きなのか」という問いに対する、一つ目の答えとして「鉄道は子どもの成長に応じた遊びの素材を提供してくれる」と述べています。子どもの成長や発達に応じて、鉄道はよい素材を提供してくれます。次の節からはそのことを確認していきましょう。

子どもの世界の作られ方　よい刺激に「触手」を伸ばす

母親のお腹で平均して280日ほど育った子どもは、時満ちて、この世に生まれ出てきます。その時から子どもは内発的な成長の力と外的な刺激の混交によって、自分の世界を作っていきます。内発的な成長の力とは、生物学的には遺伝子によって決められたものです。しかし、どんな遺伝子を持っていたとしても刺激がなければ子どもは育ちません。歴史的にはまったく刺激を与えず暗室で育てた子どもがうまく育たなかったといった例も紹介されます。また、刺激だけでは育ちません。よく言われることですが、子どもの中で今育ちつつあるものしか育たないのです。１歳の子どもに将棋を教えても学ぶことはできません。つまり、それぞれの年齢段階に応じた発達があります。

よく遺伝か環境か、という二者択一的な議論もなされますが、近年は遺伝子の塩基配列に拠らない遺伝子の多様な発現について研究するエピジェネティクスという研究分野があります。つまり、遺伝子の情報によってすべてが決定されるのではなく、膨大な遺伝子の中から特定のものを選択的に作動させる環境の力が重要ということになります。このように、遺伝と環境、つまり生まれ持った内発的な成長の力と、環境や家庭、文化といった外部からの刺激の力の二つの織り合わせで、一人の子どもの世界が作られていきます。

具体的に鉄道への興味が子どもの世界をどんな風に豊かにするかを考えてみましょう。子どもの世界の中で、鉄道への興味は、実際に乗る、おもちゃで遊ぶ、名前や種類などを覚える、路線図や時刻表に興味を持つ、などなど年齢に応じた様々な経験で構成されています。これらは子どもの生後半年くらいからの成長発達に応じて、よい刺激を提供します。よい刺激には、子どもは内側から「触手」を伸ばします。よい刺激が与えられると、子どもは内側からもっと見たいとか、もっと知りたいとかという欲求を「触手」のように自分の外に伸ばしていきます。一人の子どもの中で、触手のような子どもの内側からの力と、外側の刺激が混ざりあいます。そして、さらなる刺激を求めて、子どもの中から違った触手が伸びていきます。このような内側と外側の混交が、子どもの世界を形作ります。

目の発達と動きの認識　動くものを見る本能

さて、子どもの世界ということですが、これは目に映っているものや他の感覚の刺激によって、生み出される「心」のようなものです。目からの情報は、大人の場合、受け取る情報の80%程度を占めていると言われます。しかし、生後1歳までの赤ちゃんの視力は、生後すぐは0・03から0・001程度、6ヶ月で0・1というように、ほとんどまだ発達していません。色は、生後すぐはほとんどわからないそうです。錘体細胞が発達し、生後2ヶ月で赤、緑、黄色を、4ヶ月で青を認識できるようになるそうです。生後3ヶ月である程度、形（輪郭）の認識はできるようになりますが、いずれにせよ、乳児は目での認識はほとんどゼロからの発達途上にあると言えます。

しかし、動くものに対しては、子どもの目が引き寄せられるのです。動きを見ることが、見ることの基本です。物の形や色などはまだよく見えていない子どもも、視界上を動くものを捉えることはできます。生後４ヶ月くらいで首が据わりますが、首が据わると自分で首を動かして、動くものを目で追跡することもできるようになります。この時期に赤ちゃんは奥行きを捉える両眼視が可能になり、近づいたり遠ざかったりするものを、視線を統御しながら目で追うことができます。生後５ヶ月の子どもは、動物の動きと、そうでないものの動きを区別して認識しています。そのくらい、視力はまだ弱くとも、生き物の必須能力として周りを動くものに対する感受性は強いのです。

動くものの追跡は、スピード感の認識に関わってきます。通り過ぎる電車は、子どもの目にとっては追いつかず、一瞬にして自分の視野を通り抜けるものですが、そのような動きの認識は乳児においても行われます。首が据わり、腰もしっかりしてくると、保護者に縦抱っこしてもらいながら、何かを動くものを眺めるのを楽しめるようになってきます。そんな頃に、遠くからやってくる電車を眺めるのは、成長の段階に応じた鉄道の楽しみと言うことができます。

さて、ここまでをまとめると生後６ヶ月くらいの赤ちゃんにとって、動くものを見ることは生存の本能に適った、とてもよい刺激です。動くものを目で追って、その姿を捉えようとすることは、赤ちゃんにとっても可能なことですし、また赤ちゃんの目の能力を高めるためにもよい刺激となります。先に見たように、視力は生後6ヶ月くらいまで大変弱いものでした。しかし、その後、徐々に物の認識ができるようになっていきます。また認識の基礎となる記憶力の萌芽も生まれてきます。このような認識の成長段階に、大きな鉄道の形や色、そしてスピード感を捉えることは、子どもにとっての快感になっていきます。これまでぼんやりとしか見えなかったような形や色合いが、少しずつ捉えられていくことは、世界に対して子どもが新しく開かれていくことです。

色、形の認識とカテゴリーの理解

１歳くらいの子どもにとって、色とりどりで、形も少しずつ違う鉄道の世界は興味深いものだと思います。日本の鉄道の面白いところは、路線によって運行する車両の種類には秩序があるということです。

例えばＥ京だと、ＪＲの山手線はＥ２３１系電車とＥ２３５系電車のウグイス色のカラーリングの車種が走っています。このＥ２３１系電車は、中央・総武緩行線でも同じ形のものが走っていますが、カラーリングはカナリアイエローで外見的に異なります。つまり、車種は同じだけど、色は違うとかいうように、「似ているけど違う」という認識上の

山手線E231系電車

E235系電車で、これも山手線

区別ができてきます。この認識上の区別は、冒頭での問いへの二つ目の答え「鉄道やその関連の素材を通して、今持っている興味を子どもは拡げることができる」に関わってきます。

後でも述べますが、このような細かいカラーリングの秩序で運行されているのは世界中でも日本の都市の他には数えるほどしかありません。ましてやJR、私鉄、地下鉄のそれぞれが個性的な装いで、長距離を交わりながら走っていることは東京、大阪のような日本の大都市特有のことです。この日本の事情は、冒頭での問いの三つ目の答え「日本の鉄道や書籍、おもちゃの環境は世界に類を見ないものであり、日本の子どもの成長に大きく寄与している」に関わるものです。もちろん、1歳くらいには一つひとつの電車の区別はなかなかできませんが、しかし、何度も繰り返し駅に足を運び鉄道を見ていると、「ここにはこの電車が、ここには別のこれが走っている」というように、子どもにも秩序は見えてきます。このような秩序を見て取る能力は、次の発達段階において大いに育つものです。

一般的に子どもが電車に興味を持ち始めるのは1～2歳の頃です。それは頭の中で、「似ているけど違う」ものを区別しながら認識する秩序の能力が育ってくる時期です。このような区別の認識を、発達心理学ではカテゴリー分類と呼びます。カテゴリーとは、物の階層的な区分のことで、生き物には、イヌやネコ、ウサギがいて、それぞれ種が違い、またイヌには柴犬やチワワや、レトリーバーといった種類がいるという区別です。赤ちゃんは、言葉に頼った認識ができませんから、このようなカテゴリーをまず似ているもので区分していきます。例えば、イヌならイヌ、鳥なら鳥というように生後4ヶ月くらいの赤ちゃんでも区別できるという研究もあるそうです。その後、3～4歳くらいまでかけて、大まかな区別である基礎的なレベルでのカテゴリーの認識と、細やかな上位レベルのカテゴリーの認識が並行的に発達していくと言われます。

具体的に鉄道の話で考えると、鉄道車両と自動車の区別が基礎的なレベルでのカテゴリーです。また鉄道車両の中では、新幹線とＪＲ在来線車両の区別が上位レベルのものです。この上位レベルはさらに細分化していき、新幹線の中での区別やＪＲ、私鉄各社の車両の区別があるということです。子どもにとっては、このような基礎レベルから上位レベル、さらにそのまた上位レベルというように系統樹的に分かれていくのではなく、いろんな乗りものの間の区別の基礎レベルの認識と、新幹線の７００系とＮ７００系の違いなどの細かい上位レベルの認識が入り混じりながら、個別的・断片的に知識として頭の中に入ってきて、「電車の認識」という情報の総体を作っていきます。このようないろいろと

東海道・山陽新幹線700系

東海道・山陽新幹線N700系

入り混じっている情報の総体は、なかなか秩序立ってくれませんが、4歳くらいでカテゴリーの認識の能力が育ってくると一気に整理された情報になっていきます。

そして、このようなカテゴリー認識の能力の発達には、言葉の習得が欠かせません。生後すぐの赤ちゃんでも、人間の言葉を単なる音の羅列ではなく、誰かが話している言葉として認識していることは知られています。しかし、意味を伴う言葉として理解していくにはさらに時間がかかります。生後9ヶ月くらいから18ヶ月くらいにかけて、赤ちゃんは単語を一つの区切られたものとして認識し、そこに何らかの指示対象があるということを理解していきます。もちろん、言葉と意味といっても、大人のそれとは違い、赤ちゃんにとっては、断片的なものに過ぎません。ですが、一つひとつ、言葉と意味の対応を学び、語彙を増やしていきます。そして、先に見たようなカテゴリーの理解と相まって、それぞれの言葉を体系的に結びつけていきます。

このような言葉とカテゴリー認識の能力の発達は、いわば頭の中に整理棚を作っていくような作業です。いろんな言葉に階層関係を見出し、頭の中に収めやすいようにしていく作業です。このような整理棚が、例えば一度、鉄道の世界を通して、子どもの頭の中に作られるとするならば、その後、昆虫とかカードゲームとか別に関心を持つ世界を全体として理解する時にも大きな力を発揮します。もちろん、小学校以降の学習にとっても力強い大きな力となることは言うまでもないでしょう。

脳科学の知見から　子どもをかしこくする秘密道具「図鑑」

さて、このような頭の中に整理棚を作っていくようなカテゴリー認識や、おもちゃと実物の対応の理解といったことは、子どもの認知スキルの発達であり、ひいては脳の発達になります。脳科学と子育てのつながりを実践的に研究している瀧靖之氏は、子どもをかしこくする最大の秘密道具は、ずばり図鑑だと言います。大きな民間教育機関との共同研究の折、瀧氏はその機関の子どもの成績を伸ばすスペシャリストに、成績をずっと伸ばし続ける子どもと途中で伸び悩んでいる子どもの違いを聞いたそうです。その答えとして、伸ばし続ける子の親は勉強しなさいと言わずに、図鑑などを使って子どもの好奇心を上手に育てていたと言うのです。一旦図鑑を与えて、それを見ながら親子がいろいろな会話をして、子どもの学ぶ素地ができれば、その後は子どもが自分でどんどん知識を蓄えて、さらに別の図鑑や書物から別の知識を吸収していくというわけです。

これは本書がここまで鉄道の世界を素材に述べてきたことと同じです。鉄道の世界は、

『あつまれ！でんしゃ』　交通新聞社
130mm×127mmの小さな図鑑

「しんかんせん」というカテゴリーの電車が並ぶ

例えば、植物や動物の図鑑と同じように、鉄道会社や路線などで体系化されています。イヌに興味がある子どもが図鑑からイヌのいろんな種類を学び、そこからさらに違う科の動物に興味を持ち、さらに知識を拡げていくように、鉄道好きの子どもは最初に新幹線に興味を持てば、新幹線の他の種類の車両に興味を持ち、新幹線以外の車両にもどんどん関心を持っていきます。

先程、カテゴリーの話で述べたように、まずは類似のものを子どもは頭の中に収集します。その類似の中に秩序を見出し、そしてその秩序に沿って自分の頭の中に新しい知識を収めるための棚を作ります。しかしながら、このような能力が備わる3～4歳の時期に、明確に知識を分類するようなきちんとした棚が頭の中に予め備え付けられているわけではありません。そのために、分類の手助けをしてくれるようなガイドが必要になります。それが図鑑だというわけです。

図鑑は同じページに類似のもの、つまり同じカテゴリーのものが並んでいます。このようなものを目で見て、直観的に受け入れて、記憶することで、子どもは頭の中に知識の整理棚を作っていきます。また別のページには別のカテゴリーがありますので、図鑑を何度も飽きずに眺めることで知識を混同することもなくなります。

脳機能研究をしている瀧氏は、図鑑の脳への刺激ということも言及しています。図鑑は脳を多面的に刺激するというのです。つまり、図鑑では、言葉の情報だけではなく、写真やイラストがわかりやすく配置されています。言語に関わる「言語野」と呼ばれる「側頭葉」や「前頭葉」、そして画像認識に関わる「視覚野」である「後頭葉」、空間認知を担う「頭頂葉」、さらには記憶を担う「海馬」など、図鑑を見ることで複数の脳領域が同時に活性化します。脳の働きは、ある部分だけが活性化するのではなく、複数の部分が同時に活性化し、脳の中で各部位のネットワークが出来上がることで高まります。このような図鑑を見ることに加えて、さらに図鑑の知識を持って外の世界に出て、その実物に触れることによって、さらに子どもの脳は全体的に刺激されていきます。

このような知識と実物の対応は、鉄道好きにとっては、おもちゃや図鑑で知っている鉄道車両を実際に見たり、それに乗ったりすることです。鉄道の図鑑というのも、子どもは大好きです。ですが、鉄道の世界は、それ自体がそのまま図鑑のような働きをしています。たくさんの車両を駅で見たり、また絵本やおもちゃなどで知識を蓄えたりすることは、図鑑で知識を得ることと似ています。そしてそのように蓄えた知識を持って現実の世界に出て鉄道車両に触れれば、さらに子どもの興味は高まります。つまり、本書でここまで述べてきたような認知スキルの高め方というのは、実は脳機能の発達にそのまま重なるものでした。

もう一つの秘密道具「博物館」

前の節で図鑑の効用について述べましたが、図鑑と並んで、子どもの知識の収集と整理、体系化、そして新しい世界への展開を促してくれるのは、博物館です。日本国内では、この10年ほどの間に、大都市圏の鉄道および交通系の博物館は整理統合され、さいたま市の鉄道博物館、名古屋市のリニア・鉄道館、京都市の京都鉄道博物館がオープンしました。これらはそれぞれ歴史的な車両と最新の展示方法を融合させた施設で、大人が一日中子どもと過ごしても楽しめる場所です。大阪に生まれ育った私としては、大阪の弁天町にあった交通科学博物館がなくなったのは残念ですが、京都の梅小路蒸気機関車館を生かす形で統合された京都鉄道博物館の素晴らしさもよくわかります。また他にも地方ごとに地域の特色に沿った鉄道をテーマにした博物館があります。資料館のようなところから、SLや歴史的な車両に触れることができるところまでありますので、旅のルートに加えられるとよいかと思います。

鉄道博物館。1階の車両ステーションには30両以上の実物車両が並ぶ

鉄道博物館。子どもが実物の車両や鉄道模型などに触れながら遊べる「キッズプラザ」

さて、博物館の教育的意義とは、実物が体系的に展示されていることでしょう。さながら図鑑を見るように、体系的な展示に沿っていけば、子どもは一通りの知識の体系を得ることができます。そして、なによりも魅力的なのは歴史的な車両も含めて実車が実際の大きさで展示されていることです。私にとって印象深いのは、かつての大阪の交通科学博物館で見た新幹線0系の実車の大きさです。普段からも新幹線は見慣れていますが、ホームから見ているせいか、ホーム下に隠れてしまう部分までの大きさを捉えることが難しくなっています。しかし、この車輪部までも下からも眺められるようにした展示車両に階段でのぼり、ドアまでたどり着くと、その大きさを改めて実感することができます。それは近代日本、高度成長期の一つの産物の偉大さを示す大きさなのかもしれません。

また博物館は実車だけではなく、様々な鉄道運行システムを体験的に学ぶことができます。ボタンを押すことで動くドアやパンタグラフ、運行状況を示すパネルなどを見ることは、乗客としてでは感じることができない視点をもって鉄道を味わうことができます。実物の鉄道ということになると、私たちは乗客として乗車する鉄道になりますが、各種鉄道系の博物館では、運転士や運行管理者の視点も体験することができるのです。このような他の人々の視点を体験するということは、子どもの発達にとって大切なことです。

リニア・鉄道館。超電導リニアMLX01-1

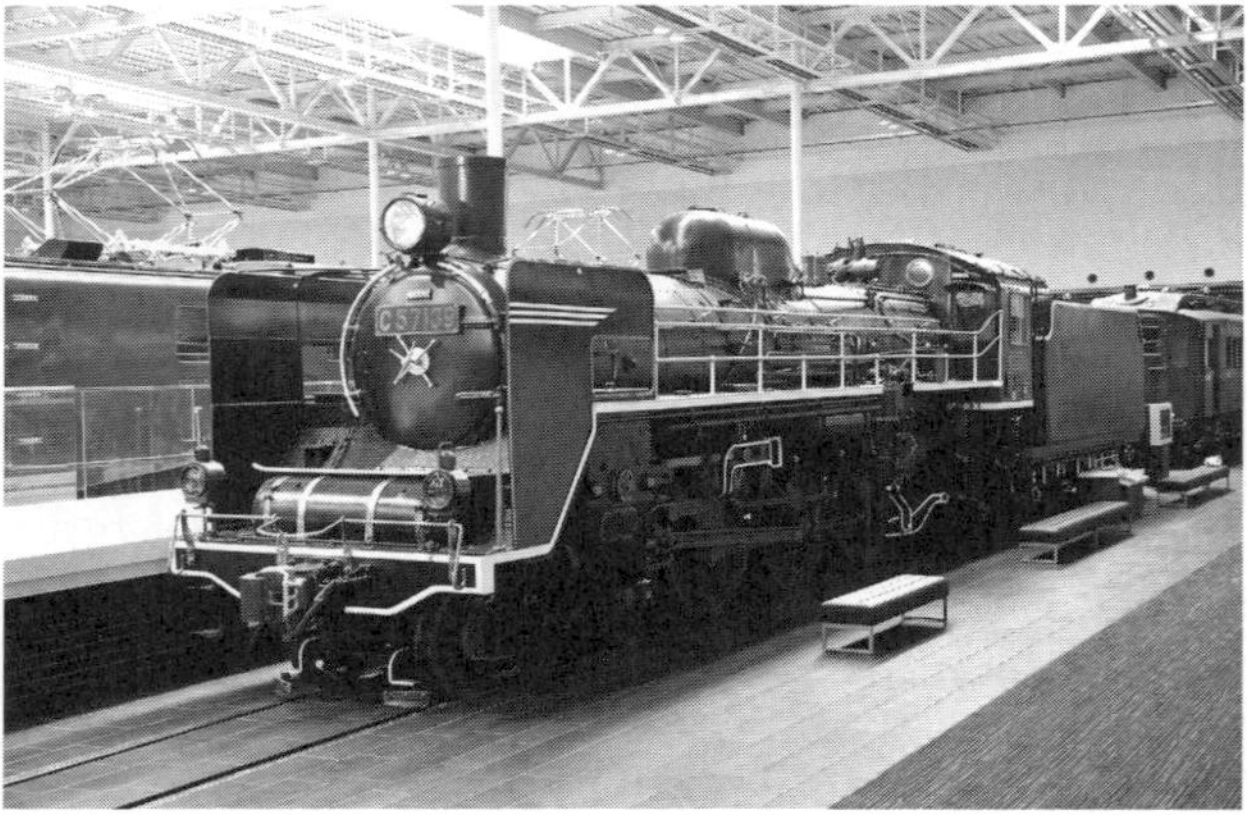

リニア・鉄道館。蒸気機関車も展示

京都鉄道博物館の扇形車庫

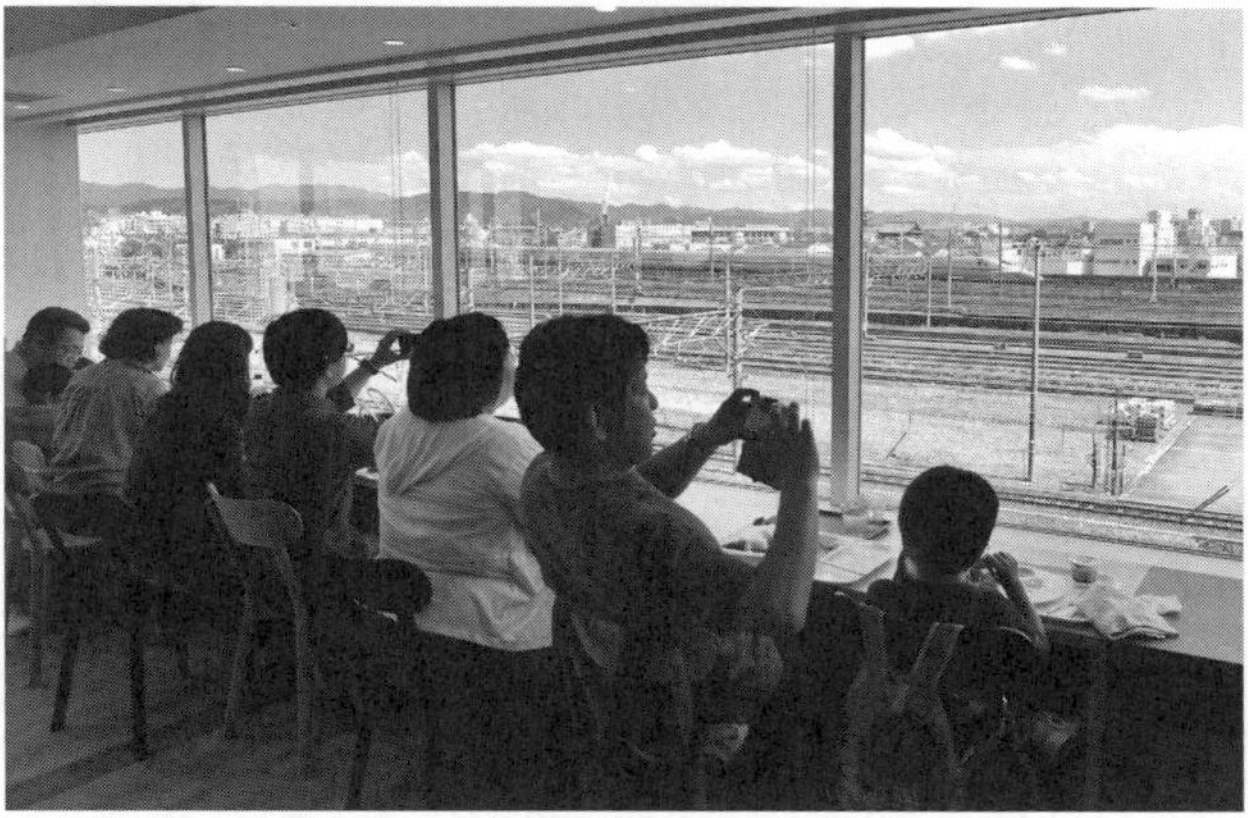

京都鉄道博物館。鉄道を見下ろせるカフェもある

普段は遊べない踏切に興味津々

このようなことだけでなく、いろいろな楽しみが博物館にはあります。普段は遊び道具にしてはいけない踏切を自分でボタンを押して降ろして、何度もくぐったりする遊びも大阪の交通科学博物館ではできました。実際の駅や路線脇では踏切の警報機や鉄道車両に触れたり、ホームの端に立ったりすることはとても危険でやってはいけませんが、博物館では心置きなく遊びの材料にすることができます。子どもたちは利口なことに、このような遊びはこの博物館という空間の中だけで許されたことだということもよくわかっているようです。普段できないことが楽しめ、そして普段よりも実物に触れることができる学びの空間が鉄道系の博物館ということになります。

実物とおもちゃの対応　想像力の中で自我を整える

ここまで見てきたように、子どもは電車への関心を通して、知識や事物をつなげていきます。私が自分の子どもを見てきて興味深かったのは、2歳くらいの子どもが実物の鉄道と、おもちゃのそれを同じものだと認識していることでした。プラレールやダイキャスト製のNゲージといった玩具は、実際の電車を縮尺し、デフォルメしたものであるにもかかわらず、子どもたちはそれらを実際の電車と同じものだと認識するというわけです。大きさもずいぶん違うものなのに、子どもは形や色などで、実際の鉄道とおもちゃをつなげます。こうして、おもちゃを使っての「見立て遊び」が始まります。

おもちゃの鉄道は、操作可能な大きさのおもちゃの鉄道でありながら、子どもが現実の鉄道に見立てます。プラレールは何台か並べて置くだけで、その周りの空間はもう駅になります。このようにおもちゃの鉄道を介して、子どもはその背景を自分で想像して遊ぶことができるようになります。またプラレールなどをつなげていくことで、手先の器用さ（巧緻性）や大きな全体像をデザインする力も育っていきます。

おもちゃは単に子どもが時間つぶしに触っているものなのではありません。子どもはそのおもちゃを介して、おもちゃとともに遊ぶ想像力の世界に籠もります。E・H・エリク

おもちゃを使っての「見立て遊び」

ソンは、人がおもちゃで遊んでいる時は「小宇宙―すなわち思いのままに操作のできる玩具の小さな世界」にいると言います。その自分だけの世界で、子どもは自分の自我を整えています。そして、鉄道のおもちゃ遊びの際には、その自分だけの小宇宙はより大きなその外側の現実の世界とつながっています。エリクソンの言葉を借りると、子どもは鉄道のおもちゃを通して、自分の中の小宇宙に籠もり想像の遊びに浸りながら、同時にその外側の現実の世界を創造しているのです。外側の世界をおもちゃの電車に重ね合わせることで、実際に外で見たものの記憶を反芻するようになります。家の外で見た鉄道の記憶を子どもは、

手元にあるおもちゃで、想像の世界を作っていく

おもちゃの電車に託します。こうして、自分の外部の現実の鉄道世界と、記憶の鉄道世界がパラレルなものとして、子どもの中と外で併存します。

このような心の働きは、子どもが自分の心の世界を深めていくのに非常に大切なものです。近年では「メタ認知」といって、子どもが自分でどのような心の状況を有しているのかを意識しながら、さらに心を働かせていくという二重になった心のあり方が学習に大きく関わることがわかってきています。つまりメタ認知とは、自分の心が今どういう風に働いているかを自分で知るということです。子どもは鉄道のおもちゃを使って遊びながら、自分で操作可能なおもちゃの世界と、鉄道の外部の実物の世界とを重ね合わせながら、自分の想像上の楽しみの世界に浸っています。この三つの世界のうち、今手元にある現実は、実際にある限られた鉄道のおもちゃと素材で作った駅であることを子どもは知っています。もっとリアルな背景とか、10両編成くらいの鉄道のおもちゃがあればいいなぁと願望しながらも、実際に手元にあるおもちゃをフルに使って、また記憶にある鉄道の情景をそのおもちゃに乗っけて、可能な限りの想像の世界を作っていきます。このような実際目にしているものに記憶や想像を乗せて遊ぶ心にはメタ認知が働いています。それも現実と記憶と想像の違いをちゃんと理解しながら、それらの世界を行き来するというかなり高度なメタ認知です。

知識の「棚」を作っていく　コレクションの欲求

そして、もう一つ、おもちゃの効用は、それが所有できることです。3歳くらいの、特に男の子は、一つおもちゃを買ってもらうと、類似のおもちゃを集めようとします。私の子どもも、3歳の頃に「これとこれはシリーズ」と区別し、親を驚かせました。子どもはこの頃に、先に見たようなカテゴリーの認識を持ち始めます。そして、プラレールで言えば、阪急電車もあれば京阪電車もある、また新幹線ならば、「のぞみ」もあれば「こまち」

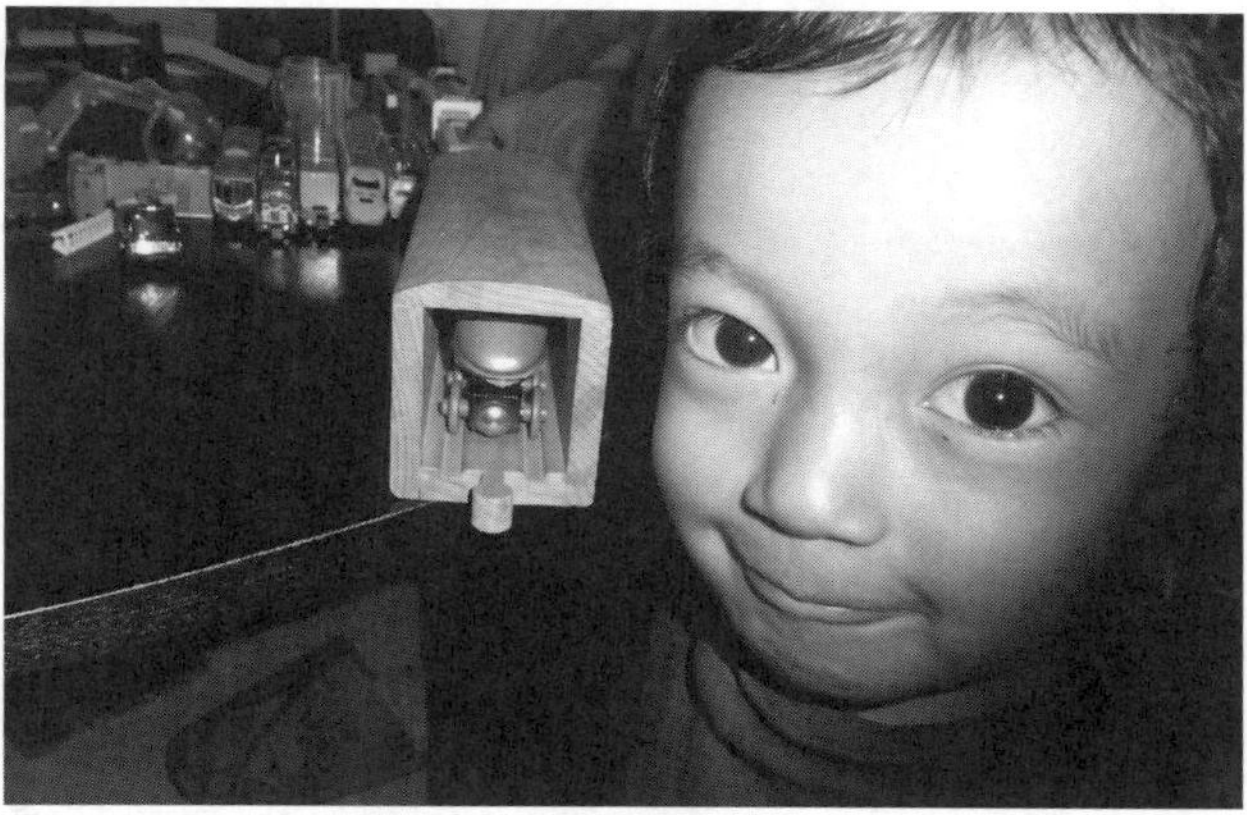
お気に入りをコレクションする喜び

もあるというように、子どもは、類似するものをすべて所有したいという欲求を持ちます。この欲求は、精神医学者の斎藤環氏がわかりやすくまとめてくれていますが、自分の世界に没頭し、興味があるものを次々と網羅していく所有原理に基づいたものです。
電車のことを徹底的に調べ、頭に入れたり、玩具をすべて集めようとしたりすることはまさに所有原理に関わる心の働きで、それによって特に男の子は自分の認識の「棚」を作っていきます。そして、このようにシリーズのものをたくさん集めることで、自分の心を満たしていきます。鉄道は裾野が広く、しかも奥が深いジャンルです。一年周期の仮面ライダーのおもちゃならば、発売されたものを順番に集めればその一年分のコレクションは完成しますが（親からすると痛い出費ですが！）、鉄道の世界は集めても集めても、さらなる深みが出てきます。

この所有原理は、小学校以降の学習にも通じる心の使い方です。算数を一から学ぶと、足し算、引き算があり、掛け算があり、割り算と順番に学ぶことになります。一つひとつの教科には大きな全体像があり、順番に学ぶべきものがあります。順番に学ぶべきものを一つずつマスターし、網羅していくことで全体像を築いていきます。鉄道好きの子どもが鉄道に没頭し、鉄道に関することを次々と網羅していく行為は、教科学習の原理にもつながっているのです。

鉄道好きの子どもは鉄道をテーマに自分の世界を作り、玩具を集めたり、知識を吸収したりして、一つひとつ要素を積み上げていきます。この所有の積み重ねは、おもちゃを集めることに限ったものではありません。子どもは、知識も一揃え納得がいくまでシリーズとしてコレクションしたいと思うようです。車両の名前を次から次へと暗記したり、鉄道図鑑を読んで内容を丸ごと頭に入れたりしてしまう子も多いです。これらの行為は所有原理に関わることです。3、4歳になると、頭の中に知識を取り入れて、その知識を整理していく働きは、一生の中で一番と言ってもよいくらいの活動期を迎えます。この頃に、全国各地の列車の名称を覚えたり、路線の駅名をすべてそらんじたりする子もいるでしょう。このように、伸ばせる時期に伸びるものをフルに伸ばすというのは、子どもの成長には大切です。

子どもたちは鉄道に限らず、ウルトラマン、ポケモン、妖怪ウォッチなどの膨大の知識を、意識しなくても覚えていきます。保護者の皆様は（私もそうでしたが）、そんな知識ではなくて、英単語や社会事象などもっと役に立つ知識を記憶してくれたらよいのにと思うかもしれません。確かに、この時期に日本語や英語の語彙力をつけておけば、勉強で将来苦労しないかもしれません。しかし、なぜ子どもたちが鉄道の膨大な知識を吸収していくのかと言われれば、それは子どもたちが鉄道に興味があるからでしょう。

好きだから知りたい、知ればさらに面白くなる。面白いとさらに自分で調べる。このような「好きこそものの上手なれ」のサイクルが子どもの知識吸収・整理能力をどんどん伸ばしてくれます。そして、このような知識を吸収する力は、鉄道だけに及ぶものではありません。先にも述べたように、一度どんなジャンルでもいいので膨大な知識を吸収し、整理することを経験しておけば、その後の人生で他に興味があるジャンルが現れても同じように自分で学んでいくことができます。

教育学の歴史では、このような頭の機能をトレーニングするような教育を形式陶冶《とうや》（陶冶とは教育の古語）と言います。それは幼少期から青年期までのような記憶力や思考力が発達する時期に適切な刺激と課題を与えて、その能力を最大限にまで伸ばしておくという考え方です。この形式陶冶に対して、生活や仕事に必要なものの内容を必要な時に具体的に教えていくのを、実質陶冶と呼びます。もちろん、このような実質陶冶で具体的に必要なものを学ぶことも大切ですが、子どもの持っているポテンシャルを伸ばせる時期に伸ばしておくという形式陶冶の考え方も重要です。

形式陶冶の考えに沿って、現在でも小学校～高校まで国語・算数（数学）・理科・社会・外国語・美術・体育・道徳というような古典的な学問ジャンルが欠くことなく授業として行われています。このような授業の体系は、後の人生ですべての学問ジャンルが必要になるから行われているのではなくて、このような様々な学問ジャンルが児童の頭のいろんな使い方を開発すると考えられているからです。ですから、学んだことの内容自体が大切なのではなく、そのような素材を学ぶことによって頭が開発されていくということが重要なのです。すでに触れた脳機能研究の見地から言えば、いろんな頭の使い方をすることは、複数の領域を同時に使う、様々な脳領域のネットワークを開発することになります。

近年、形式陶冶の多教科型で網羅的な体系性は、教養主義で実際の生活や仕事で役に立たないという批判もあります。そして、実質陶冶、実学主義の考え方が大学教育でも多く唱えられるようになってきました。企業でバリバリ働いている実学主義者がなかなか仕事を覚えない新卒者などを見て、大学教育の変革を訴えるのはもちろんわかります。ですが、教育の内容を実質陶冶のみにするというのは、これまでの教育の歴史の積み重ねを否定することになります。

「好きこそものの上手なれ」が将来の大きな力になる

古来、人類の長い歴史を生きた人々の多くは、自分の生まれ育った家業を継ぐことや自分のいる環境で与えられた仕事をすることに縛り付けられてきました。多くの人々はそれぞれの適性などは考慮されず、幼少期から家族や周囲の人々の中で見様見真似で仕事を覚えていったのです。ですが、２００年ほど前からヨーロッパにおいては、近代的な学校制度が少しずつ整備されていきました。そうして、子どもたちは生活では必要のない学問を学ぶことで、今いる生活とは違う別の生業に就くことも可能になってきたわけです。それは実質的な実学主義ではなく、それぞれの人間の持っている可能性を多面的に育てる形式

『日本の駅なるほど百科』　屋敷直子他
交通新聞社

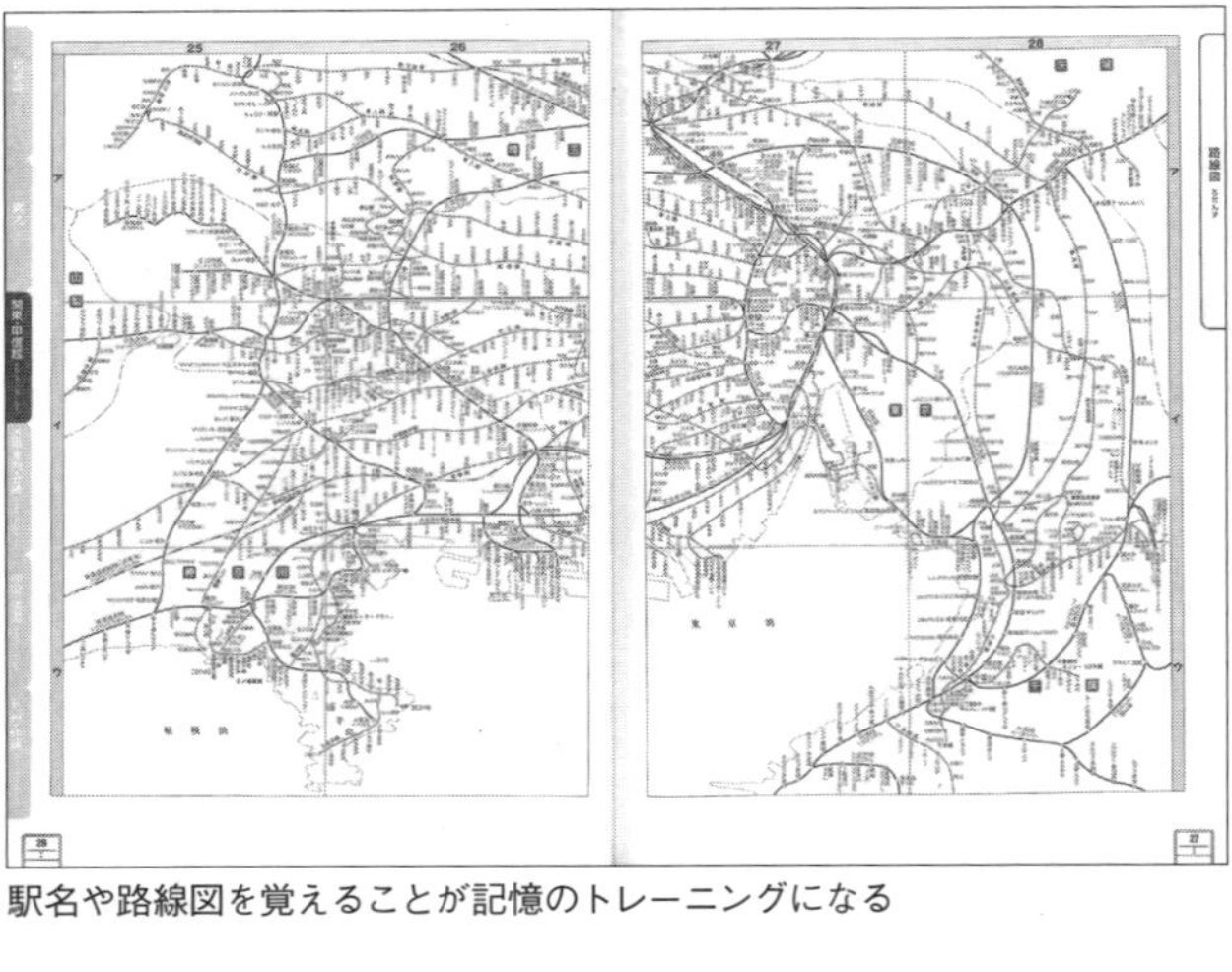

駅名や路線図を覚えることが記憶のトレーニングになる

陶冶によるものでした。現在では、学校教育そのものがもはや日本では飽和状態になり、教育不要論さえまかり通る世の中になりました。しかし、いろんなジャンルの知識や思考法を学び、身につけることはその子どもが持っている多面的な可能性を検討し、育てるためには必要なのではないかと教育の歴史を学んだ者としては思います。

さて、鉄道の話に戻ると、鉄道を介して、駅名や用語、路線図を覚えていくことの意義は、覚えたものがその後の人生で役立つという保証ではなく、幼い時から知性を働かせ、記憶するトレーニングをしている積み重ねにほかなりません。自分でも知らず知らずにこのようなトレーニングを積んでいたことが、将来、勉強する上で大きな力になっていきます。まずは自分の興味のある好きな分野―まさに鉄道のような分野はうってつけです―から自分で学ぶ方法を会得して、そこで培った知識の整理術を、さらに違う分野に伸ばしていく。また、現実と想像と記憶を結びつけ、自分の楽しめる世界を作っていくことは、大いなる創造性を伸ばすと言えるでしょう。

このような子どもの興味に適い、そして発達にも適った認知スキルの学びこそが、実は王道なしと言われる学問の王道ではないかと、私は出過ぎたことを考えてしまうわけです。

第二章

人と鉄道との関わりの中で育つ「非認知スキル」

人付き合いのための力　非認知スキル

ここまで記憶力や学力の芽生えとなるような幼児期の認知スキルの成長について述べてきました。ここからは、それ以外の能力、非認知スキルについていろいろな事例に即して見ていきたいと思います。

非認知スキルとは「はじめに」でも触れたように、最近では「社会情動的スキル」とも呼ばれています。社会情動的スキルとは、人間関係を営む上で自分の感情を活用したり、抑制するような力、または記憶力や学力以外の自分の知的な働きを意識的に活用したりする力を指す包括的な概念です。ここではひとまず、人付き合いや自分との関わりについての力とお考えください。

このスキルが着目されるようになった契機は、シカゴ大学のノーベル経済学賞受賞者、J・J・ヘックマンによる問題提起でした。ヘックマンは、１９６０年代に行われたミシガン州での実験的教育に着目しました。この実験的教育は、この時代通常ならば小学校就学前に幼児教育などを行わない低所得のアフリカ系の58世帯の子どもを対象にして行われました。このプロジェクト実施者は、毎日2時間の教室での幼児教育と、週一回の家庭巡回指導を30週間行ったそうです。

特筆すべきことに、このプロジェクトでは、その教育を受けた子どもたちが以後、定期的な追跡調査でどのような人生を送っているかが記録されています。このプロジェクトは、「ペリー就学前プロジェクト」と称されていますが、実験対象となった子どもたちは、受けなかった同様の地域の子どもたちと比べて、生活面でよい人生を送っていることが明らかになっています。というのも、実験対象の子どもたちは40歳になった時に、実験を受けなかった子どもたちと比べると、学力検査の成績、学力、収入、持ち家率が高く、特別支援教育の対象者になることが少なく、生活保護受給率や逮捕者率が低かったそうです。

興味深いのはここからです。対象の子どもたちのＩＱは、幼児教育の実験を受けた直後、対象となっていない同じ地域の子どもたちより高かったものの、次第にその効力は薄れて、実験から４年が経つと、ＩＱは実験を受けた子どもも受けなかった子どもと変わらなくなったというのです。研究者たちは、就学前の幼児教育は、その後のＩＱといった認知スキルに直接影響するものではなく、多面的に能力が刺激されることで、いくつかの能力が相乗的に成長して、有益な結果を子どもに生むと結論づけました。このような長期の実験の結果を再度分析したヘックマンは、幼児教育の社会に対する有効性は直接的な認知スキルによって示されるのではないこと、そして、総合的に子どもたちの成長を促す関わりが必要であることを説いたのです。その総合的に育まれるスキルというのが、非認知スキル、つまり子どもの非認知の感情や社会性に関わるスキルということなのです。

鉄道は愛着形成を強めるツールになる

非認知スキル、すなわち社会情動的スキルは、子どもが自分一人で育てることができない能力だと思います。小さな子どもにとっては、特に保護者の関わりが必要です。

さて、社会情動的スキルが具体的に発現する以前に、保護者、特に母親と子どもの間には、愛着と呼ばれる結びつきが存在します。母親が自然に子どもを抱き、子どもは心地よく抱かれると安心してすやすやと寝てしまうのは、愛着というつながりがあるからです。また一定時間接触していないと子どもが泣き出してしまうというのは、愛着が失われたように感じてしまうからでしょう。

ハイハイができたり、少し歩けるようになってくると、子どもは自分で興味のあるものの方へ動いていきます。しかし、少しすると愛着を求めて、また保護者の元に戻ってきます。このようなつながりは、もちろん、この本の主題である鉄道という媒介がなくても、親と子の間には生まれてくるものですが、ここでは鉄道がどのように愛着を強めるツールになりうるかを考えてみましょう。

まだハイハイもできず、立ち歩くこともできない子どもは、保護者の抱っこでしか動けません。また、赤ちゃんの視覚はほとんど発達していません。ですが、赤ちゃんは電車に乗った時の、ガタゴトといったリズム感を楽しむことができます。その場合、楽しむというよりは、心地よい揺れの中で眠りに誘われるといった感じになると思います。大人でもそうですが、電車に乗り、座り心地のよいシートに座っていると睡眠に誘われます。近年の研究では、乳児にとって心地よい揺動速度を探すような実験も行われています。

赤ちゃんの主な生理的な欲求は、母乳やミルクなどへの食欲と排泄欲、そして睡眠への欲求です。鉄道は、この睡眠の欲求、心地よい眠りに至るという子どもの欲求に応えることになります。また、外の景色が動いているというのは、赤ちゃんにとって心地よいものです。また前章でも見たように、赤ちゃんは動くものに本能的な興味を持ちます。じっと外の景色を見ているだけでも、赤ちゃんの欲求は満たされているのです。

生後半年の赤ちゃんにとっての移動手段は主に抱っこですが、その頃になると子どもは「アー、ウー」と言いながら、興味あるものに顔を向け、保護者に「あっちの方に動いて」とせがみます。自分の興味のあるものを保護者に伝えて、それを見ることができます。このような興味の対象として、遠くからやってくる電車は最適です。線路脇で、定期的にやってくる電車を待って抱っこしていると、保護者にまで子どものワクワク感が伝わってくるようです。見晴らしのよいところで少し待って、やってきた電車が徐々に近づいてくる。子どもにとってはようやく電車がやってきたという瞬間から通り過ぎるまでは貴重な時間なのでしょう。しかし、電車は、近くまでくるとあっという間に過ぎ去って、小さくなり、やがて見えなくなってしまいます。この過ぎ去った余韻は、また次の電車を待つ原動力になります。抱っこから、子どもが一人で立って歩けるようになっても、親と子は手をつないで電車を待ちます。

親子関係の重要なファクター　共同注意

このように同じものを見る、同じものを待つといったことは、親と子が同じ対象に興味を注いでいることを意味します。発達心理学ではこのような共同での関心を共同注意と呼び、親子関係のとても重要なファクターとしています。同じものを見て、同じものを感じて、喜びを感じるということは、何か外部の対象を媒介にして、二人の心がつながったような気がします。

夫婦間でも、お互いが見つめ合っているよりも、お互いが別の対象を一緒に見続けている方が長く続くと言われています。大人も子どもも、お互いがお互いを見続けることは、お互いがお互いに何かを要求し合うような関係になりがちです。お互いがお互いを見ているとよいところだけではなく、嫌なところも目についてしまいます。

近年、ひとり親家庭での子育ての大変さが新聞やテレビでよく紹介されています。多くのひとり親家庭では、親と子がずっと二人でお互いだけを見つめ合うような関係性が築かれがちです。もちろん、お互いがお互いに見つめ合うコミュニケーションは必要です。ですが、そのような見つめ合いだけだと息が詰まるのも真実です。ですから、何か、二人以外の何かの対象を一緒に並んで見続けるような関係の必要性が説かれるわけです。

同じものを並んで見るような、二つの心のつながりこそが、緩やかに愛着を強めるものなのです。

絵本の経験　0～1歳児向け『がたん ごとん がたん ごとん』

鉄道の絵本も子どもにとっては大きな楽しみの一つです。絵本自体ももちろん楽しいのですが、幼い子どもにとって何より満足なのは、お父さんやお母さんの膝の上でその体温

『がたん ごとん がたん ごとん』 安西水丸 福音館書店

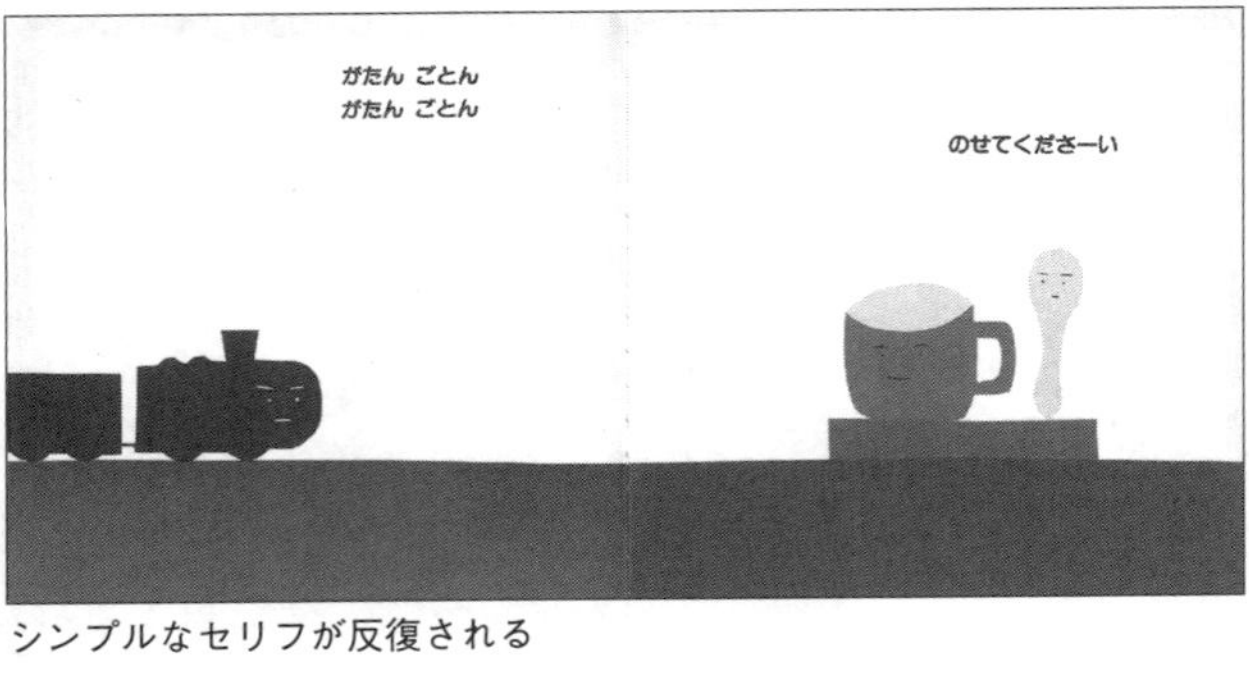

シンプルなセリフが反復される

に触れながら、絵本を読んでもらう経験です。絵本を一緒に読むというのも先に見たような共同注意の経験です。乗りものの絵本、特に鉄道の絵本は、好きな子どもはどんどんハマっていき、同じ絵本を何度も「読んでー！」とせがまれることになるジャンルです。

そこで、鉄道絵本にハマる子ども側からの視点と、それを親がどう子どもの成長・発達に役立てていくべきかのポイントをお伝えします。

まず鉄道絵本のジャンルを超えて、多くの0～1歳児に愛され続けている絵本が、安西水丸さんの『がたん ごとん がたん ごとん』（福音館書店　1987年）です。多くの子どもは実際に汽車を見たことはありませんが、この黒いノスタルジックな汽車にハマり、飽きのこないシンプルな絵柄にハマります。

この絵本では、汽車の位置は左端か、中央か、右端と決まっています。汽車だけを見ていても動きは感じないのですが、ページをめくるたびに次々と登場してくるコップやスプーン、ほ乳瓶や果物など、赤ちゃんの身の回りのグッズと合わせて見ていくと、この動かない絵の汽車に躍動感を感じるようになってきます。

この絵本を読む保護者の方は、ひたすら「がたん ごとん」と「のせてくださーい」というセリフを反復します。この絵本が大好きな0～1歳児は、まだ自分で座ったり、じっ

お子さんを乗せている膝を上下に動かして、読み聞かせ

としていたりができません。そこで、「がたんごとん」というセリフと共に、保護者の方も、お子さんを乗せているご自身の膝を上下動してみてください。「がたんごとん」のリズムに合わせて、お子さんは電車に乗っているのと同じような気分でこの絵本を体感することができます。

　また、子どもは反復・繰り返しが大好きです。オールタイムでベスト絵本の上位にランクインする名作『おおきなかぶ』（福音館書店　1966）のように、子どもはお話を知っていながら、「うんとこしょどっこいしょ」と、何度も同じ繰り返しの言葉がやってくるのを好みます。前章で見たように、ちょうど生後半年くらいから、子どもの記憶力・認識力が急激に高まります。以前に聞いたお話を予見しながら、「また来るかな、また来るかな」、そして「やっぱり来た、また来た」と思いながらお話を聞くのは、子どもの記憶力・認識力の成長を促しますし、絵本や読んでくれる保護者への愛着を深めます。

反復の意味　待つことによって得られるもの

反復・繰り返しは多くの絵本でも用いられていますが、実は鉄道好きの心の一番原点にあるものではないかと、私は思っています。駅や陸橋の上から電車がやってくるのを見ることは、反復・繰り返しの楽しみに基づいています。「また来るかな」と、いつ来るかわからない電車をドキドキしながら待ち、「やっぱり来た！」と期待が現実に変わる瞬間は、子どもにとって特別な時間です。

子どもの絵本も、遠くからやってくる電車を待つような反復と期待の経験に裏打ちされています。そして、このような反復と期待の経験が、子どもの非認知スキルの一つである集中力や忍耐力を育てることになります。集中力や忍耐力は、ただ黙って何かを行ったり、何かを待ったりする力ではありません。目標に応じて、それに必要な集中を高めたり、目標のために別のものを我慢したり、何かを待つという力です。

近年の幼児教育では、ヘックマンの提唱する「非認知スキル」の重要性とともに、マシュマロ・テストという調査が話題になっています。この調査は、1960年代にスタンフォード大学のビング保育園で行われた就学前の児童への実験が原型になっています。就学前の4、5歳の幼児が一人で部屋に入ります。テーブルの上には、お皿に載ったマシュマロが一つ。実験者が次のように子どもに説明します。「すぐにマシュマロ一つ食べてもいいのよ。でも、一人きりで20分待つとマシュマロを二つあげるわ」。

この調査は、第二章の冒頭で触れたペリー就学前プロジェクトと同様に、幼児期にこのマシュマロを20分間待つという実験を起点に、その後長期間に亘る追跡調査になるものです。最初の実験で、マシュマロを食べるのを何秒我慢できたかということで、子どもたちの将来について多くが予想できるというのです。4歳か5歳の時に待てる秒数が多いほど、学力や青年期の社会的・認知的機能の評価が高く、27歳から32歳にかけて肥満指数が低く、自尊心が強く、目標を効果的に追求し、欲求不満やストレスにうまく対処できたというのです。fMRIで脳活動の特徴を調べると、欲求を先延ばしにできた人は、問題解決や創造的思考に使われる前頭前皮質領域の活動が盛んだったというデータもあります。

この調査は、幼児期の忍耐力が社会的な成功に大きく関わっているということを示しています。忍耐力は非認知スキル、つまり社会情動的スキルの大きな要素となるものです。もちろん、様々な要因が子どもの成長に関わっているので、この実験だけで子どもの将来がわかるといったものではありません。しかし、子どもの幼児期以降の成長というものを考えるならば、自分の欲望などをコントロールする力があった方が、目標に向かって進むということではよいに違いありません。この待つ力は、時間がたてばもう一つもらえるという目標を待つ力でもあります。次にまた電車がやってくると思ってじっと待つ力は、このような忍耐力の基礎となるものだと考えます。

物語理解の基礎　２歳児向け『のりもの　いっぱい』

さて、鉄道の絵本を題材に、子どもの認知スキルおよび非認知スキルが育つことを具体的に考えていきましょう。１歳過ぎくらいから、特に男の子は乗りものや鉄道に興味を示し始めます。もう少し大きくなってくると、電車だけではなく、いろんな乗りものの種類に興味が出てきます。その時期に最適なのが柳原良平さんの『のりもの　いっぱい』（こぐま社　２００３年）です。タイトルの通りにいろんな乗りものがいっぱい出てきます。一番町中で身近な車から、意外と子どもに人気の高い働く車、鉄道、船舶、飛行機までが網羅されています。

この時期の子どもは、言葉や知識を爆発的に吸収し、表出できるようになってきます。2歳くらいになってくると、自動車や鉄道車両の種類にも関心を持って、積極的に覚えていきます。ですから新幹線はただの新幹線ではなく、東海道・山陽新幹線の「N700系」、東北新幹線の「E5系」とか検査用の新幹線「ドクターイエロー」といったように、新幹線のカテゴリーの中にあるサブカテゴリーとしての種類が覚えられていきます。前章でも見ましたように、この2歳くらいからの時期に、子どもは知識を吸収する棚を頭の中に作っていきます。最初はすべての車両を地下鉄とかJRといった総称や山手線とか谷町線などの路線名で呼んでいたとしても、3～5歳くらいに知識の体系化が頭の中で進んできて、固有の呼び名で認識するようになります。

いろんな乗りものとその名前が登場してくる絵本『のりもの いっぱい』を何度も声を出して読んであげ、その絵を題材にいろいろ話を展開させることは、子どもの頭の中の整理枠組みを整えていくことになります。『のりもの いっぱい』は第一章で取り上げた図鑑と同じ働きをしています。別に子どもが電車の名前やカテゴリーを間違って覚えていても

『のりもの いっぱい』 柳原良平　こぐま社

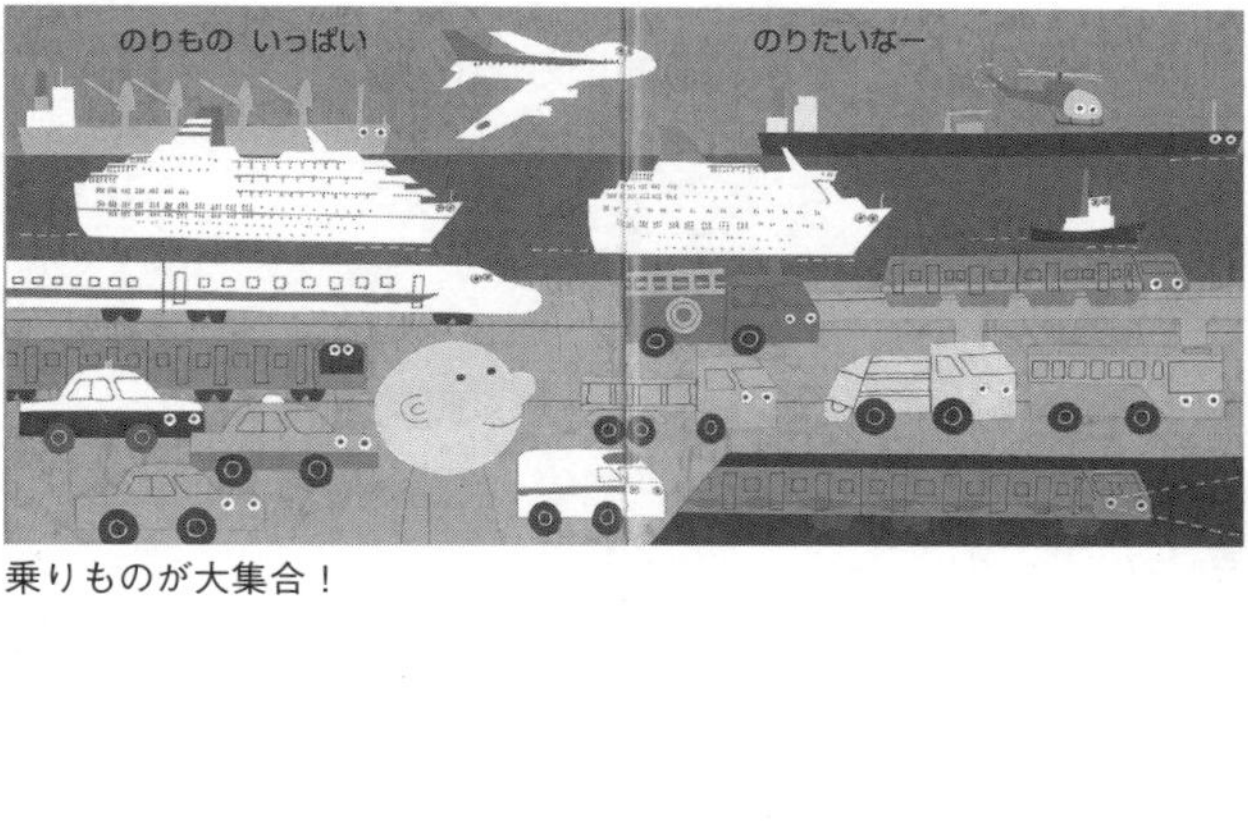

乗りものが大集合！

かまいません。それよりも、いろんな名称や事物の知識を爆発的に吸収できるこの時期に頭の中に入れてあげて、その後、自分でその知識を整理していけるように手助けすることが保護者の役割となります。

筋道のある物語を理解していく力の基礎作り

私はこの絵本で、子どもが一番好むのは終盤のこれまで出てきた乗りものが大集合するページだと思います。このページが開けられた瞬間に、子どもは一つひとつの乗りものについて、その名称とどのページに出てきていたかを確認します。そうすることで、子どもはここに出てきているものをすべて情報として所有するのです。先程も見たような、所有原理に、この絵本は実によく適っているのです。

この絵本に即して見てきた子どもの成長は主に認知スキルに関わるものです。ですが、認知スキルの発達促進に関わるだけではありません。この絵本の特徴は、すべての乗りものに目がつけられて擬人化されていることです。これは、今後、子どもが物語を理解する力の基礎になります。それぞれの乗りものが擬人化されているということは、それぞれが個性や人格を持っているということを想像させることです。子どもは言葉にできませんが、新幹線は「速くてスマートだなー」とか、大きなタンカーは「長くて力強そう」とか、それぞれの乗りものにその子どもたちなりの個性を見つけます。この個性が、それぞれの乗りものに人格（キャラクター）を想像させます。乗りものの個性や人格を想像していくことは、他の人々の心情を想像し、理解していくという非認知スキルに関わってきます。さらに言えば、このような擬人化された乗りものに子どもが付与した人格が、３～５歳で身につけていく、筋道のある物語を理解していく力の基礎になっていきます。

想像力を伸ばす最適期　3～5歳児向け『しゅっぱつ しんこう！』

３歳ごろまでに親子で絵本を読む習慣をつけると、それ以降は、子どもたちが自然に自分たちで絵本を取り出してきてページをめくっていたり、居間にいるお父さん、お母さんのところへ絵本を持ってきて読んでほしいとせがむようになったりします。子どもが一人で読んでいても、保護者が子どもと一緒に読んでいても、何度でも飽きないのは山本忠敬さんの『しゅっぱつ しんこう！』（福音館書店　１９８２年）です。

都会の駅から田舎のおじいさんのところまで、お母さんと一緒にみよちゃんが里帰りです。都会の駅からは懐かしのL特急、地方都市からは急行列車、そして最後の乗り換えでは普通列車に乗りますが、一緒に旅をしているかのような情景を味わうことができます。列車を含む風景には、ディテール満載で描かれている事物をめぐって子どもたちと話をすることもできます。都会のビルの中から、鉄橋や田園地帯を抜けて、次第に奥深い山地に分け入っていく鉄道の旅は、子どもたちに地理や自然への興味を沸き起こすでしょう。また、この絵本を見ながら、これまでご家族で行かれた旅行や帰省などを振り返ってみるのもよいかもしれません。

さらに、『しゅっぱつ しんこう!』からは、他にもいろいろなことを学ぶことができます。特急列車から急行列車、普通列車へと三つの列車への乗車は、同じ構図で描かれ、先ほどの0〜1歳児向け絵本『がたん ごとん がたん ごとん』と同様に反復・繰り返しの原理が貫かれています。しかし、この三つの列車への乗り換えは、単なる反復ではなく、普段住んでいる都会からおじいさんが待つ田舎まで旅をするという物語の一部になっています。この物語を理解するには、情報を正確に把握するという認知スキルも必要です。また、『しゅっぱつ しんこう!』の物語には、都会や田舎の情景や帰省を通した人間の心情の理解という非認知スキルも関わってきます。

この3歳くらいの時期に、発達に合ったお話を与えてあげると、子どもたちは一つの物

『しゅっぱつ しんこう!』 山本忠敬　福音館書店

列車を乗り換えながらの旅が、目に映るまま克明に描かれている

語をベースに絵本の各頁を理解する能力が身につきます。そして、各頁をばらばらに楽しむのではなく、「次はどうなるのかな」「この女の子はどこに行くのかな」など、頁と頁をつなげながら絵本を聞いていく力が身につきます。3歳から5歳くらいまでは想像力を伸ばすのに最適の時期です。頁と頁の間にある見えないつながりを、想像力で補って、一つの物語を読み取っていくという、子どもの成長にとって欠かすことのできない能力の萌芽は、この時期に養われるものです。

鉄道趣味を学びにつなげる様々な絵本

最近では他にも様々な鉄道絵本が出ており、鉄道趣味を学びへと上手くつなげてくれます。例えば、コマヤスカンさんの『新幹線のたび～はやぶさ・のぞみ・さくらで日本縦断～』（講談社　2011年）は、見ているだけで鉄道路線だけではなく、日本の地理や観光名所などが学べます。また溝口イタルさんの『しあわせのドクターイエロー』（交通新聞社　2013年）は、専門的な事柄を直感的に理解できるように描かれています。お父さんお母さんが子どもにいろいろ質問して知識の背景を伝えれば、それ以降も子どもたちは一人で何度もこの絵本をめくって、知識を反芻します。そしてその経験は、以後の学び

『新幹線のたび～はやぶさ・のぞみ・さくらで日本縦断～』　コヤマスカン　講談社

新幹線に乗って青森から鹿児島まで旅するお話をパノラママップでたどる

『しあわせのドクターイエロー』　溝口イタル
交通新聞社

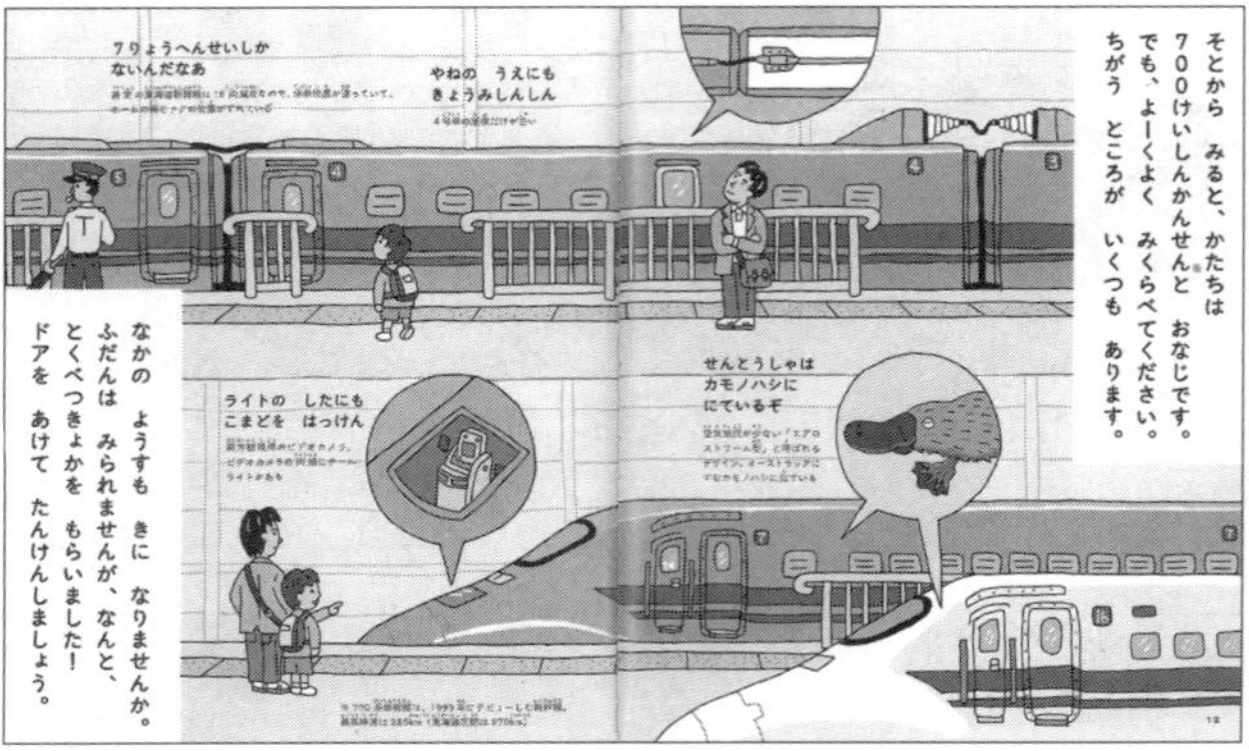

ドクターイエローを詳しく紹介。何をしている新幹線なのかがよくわかる

の基礎となります。こういった鉄道趣味から学びへのつながりは、うまく子どもと親の世界を広げてくれるのではないでしょうか。

というように、鉄道絵本は子どもの段階に応じて、その子どもの中で今育ちつつある成長の芽を着実に伸ばしてくれる発達のツールです。ここで紹介した絵本以外にも近年、たくさんの鉄道・乗りもの絵本が登場してきています。どうぞ、お子さんが長く楽しめるものを選んであげて、ぼろぼろになるまで一緒に読み込んでください。

電車移動が社会的マナーを育て、道徳性を高める

ここまで絵本における鉄道と子どもの関わりという観点から、子どもの認知スキルおよび非認知スキルの発達について考えてきました。絵本を一緒に読むということは、そこに描かれている、もしくは書かれている情報を正確に読み取るという認知スキルを発達させるのと同時に、同じものを一緒に読んで、見ることで愛着や共同注意といった親子のつながりそのものを育てるものでした。また、物語や絵を通して、情感や想像力も育むことができます。親子が絵本を通して話をすることで、子どもの内面はさらに育っていくでしょう。絵本からは、子どもも親もコミュニケーションを学ぶことができます。

さて、ここからは実際の電車への乗車の場面から、非認知スキルである社会的なコミュニケーションの発達を考えていきましょう。しかし、実際の乗車の場面の話となると、電車に乗ったら子どもがぐずってしまうという、困った経験を思い出す方が少なくないでしょう。また、そうなった時の周囲の目が気になって、電車利用が不安な方も多いと思います。しかし、「困るから」「面倒だから」「大変だから」と鉄道を避け、車移動一辺倒になることも決してよくはないようです。

近年発表された調査に、幼少期の生活習慣として車に乗る機会が多いことは、子どもの傲慢さを高めること、別の言葉で言えば道徳性を下げてしまうことを実証した興味深い研究があります。この筑波大学の谷口研究室による調査研究では、幼少期の車移動の多さを尋ねる質問と傲慢さを尋ねる質問の相関が調べられています。車内でのマナーなどがまったく問われない私的空間である車では、確かに子どもが学ぶことは少ないでしょう。それに対して、マナーが重視される公的空間である電車移動の方が、子どもにとっては道徳性を学びうる可能性が高いというのは想像できます。

電車内での経験はとても大切な社会経験です。小さい時から、公の場である電車での移動を経験させることは、子どもにも大人にもちょっとした試練であるかもしれません。ですが、常に家庭の延長線上にあるようなワンボックスカーで移動していると、小学生の年齢になってから必要とされる社会性を身につけるきっかけとも言える経験ができないことになります。

とはいえ、小さいお子さんと一緒の電車移動を苦痛に思われる方も多いと思います。ベビーカーでは混んでいる車内に入っていくのにも遠慮がいりますし、ホームでエレベーターの場所を探すのにも一苦労です。抱っこひもを使ったとしても重く、肩が凝ります。なにより、子どもは電車の中でじっとはしてくれません。特に2歳くらいの「いやいや期」と呼ばれる時期のお子さんは、ぐずり出すと、どんな風に声をかけても電車の中だろうとどこであろうと大声で泣いたりするものです。

電車内での保護者の関わり方　どうやって子どもと過ごすか

では、具体的には、親はどのように子どもと電車、社会と付き合っていけばよいのでしょうか。子どもが泣いている原因は、見知らぬ車内環境への不安や、もしくは朝起きてからの生活での不満などにあります。原因追求をして、それを解決するという大人の思考モデルでは対処できません。また子どもへの対応だけではなく、周囲の方々の目も気にな

子どもだけで座っていたとしても車内は公共空間

ります。親としての力量を周囲から問われているような気持ちになりますし、また言っても聞かない年齢の子どもに声を荒らげて、静かにするように伝えても仕方がありません。

２０１５年2月、芸能界のご意見番という感もあるダウンタウンの松本人志さんが「新幹線で子供がうるさい。。。子供に罪はなし。親のおろおろ感なしに罪あり。。。」とツイートし、ウェブ上で話題と議論を呼んだことを覚えている方も多いでしょう。ここで言及されている子どもが、もしも小学校3年生くらいで、周囲の状況に構わず騒いでいたのでしたら、子どもの問題であり、親の責任だと考えられるでしょう。しかし、2～3歳の子どもが親の再三再四の声かけや対処の後でもまだうるさく、保護者も疲れ果てていた状況でしたら、致し方ないとも思います。

いずれにしても、様々な状況が考えられますが、保護者の方が悩まれているのは、いざ電車の中で子どもがぐずり出したらどうすればいいのかということではないでしょうか。以下、年齢別に可能な限りの対処をお伝えしたいと思います。

0～2歳児に「静かに」「ここは電車の中なのよ」は逆効果

0～2歳のお子さんには、「静かに」とか「ここは電車の中なのよ」という注意は逆効果です。注意しても、その言葉の意味を理解して静かにしてくれることはまずありません。したがって、別の方法を「あの手この手」と使っていかねばなりません。まずは小さいお子さんでしたらベビーカーから出して抱っこでなだめるなど、通常家庭で行なっているような形であやしてあげてください。これで泣き止まなければ「お腹が空いた」「おしめを換えてほしい」などが考えられますが、約束の時間も迫っていたりすると一旦下車して子どもの要求を叶えてあげるというのも難しいところです。

しかし、車中のほかの方々も、抱っこして懸命になだめている保護者の姿を見ると、子どもがうるさいなんて言えません。また、保護者の方も「○○駅で降りるからね、もうちょっと待ってね」と子どもに話しかけながら、周囲の方にも降着駅をさりげなく告げて、安心感を与えるとよいと思います。

2～3歳児は不満から上手に目を逸らさせる

2～3歳になってくると、ある程度、子どもも親の言葉を理解するようになってきます。泣いている時の不満も、親もある程度理解できます。ただその不満に対して、保護者が「なんでそんなことで泣くのよ」などと突き放すことは逆効果です。したがって、不満から上手に目を逸らす作戦を取らなければなりません。「××に電車が着いてから、デパート行こうか」とか「今日は、お友達の△△ちゃんに会えるねぇ」など、ともかく楽しいことを連想させるような言葉がけが必要です。ぐずぐずしていたとしても、話しているうちに子どもは少しずつ不満を忘れていきます。

また、こういう時には少し甘やかして、「飴」をなめさせるのも一つの手です。もちろん、これは車中でお菓子をあげるのではなく、降りてから「□□食べようか」「欲しかったあの◇◇は○○駅で売っているかな」など、楽しいことに子どもを誘導していくということです。もちろん過度な甘やかしは禁物ですが、一度電車に乗ってお出かけして何か買ってもらったりした楽しい経験をしていると、その後もその連想が働いて、電車移動も好きになってくれるかもしれません。

4〜6歳児には、きちんとお話しをする

4〜6歳くらいでは、幼稚園や保育所での集団生活もほとんどの子どもたちが経験しています。ですので、ある程度、理性的に社会的なルールを根気よく伝えていく必要があるでしょう。「ここは電車の中だから……」という形で、車内が公の場であることはきちんと教えなければなりません。大人でも車内での化粧や電話通話がマナーに反するのは、公共の場で私的な営みに没頭することを咎めているからにほかなりません。例えば、この時期の子どもが大きな声で喋っているようでしたら、「声が大きいとほかの人がうるさく思うよ」「電車の中はお家とは違うのよ」ときちんとだめな理由を伝えてください。ある程度理由もわかる年頃ですから、頭ごなしに注意するのではなく、よい教育機会だと思って、丁寧に伝えるとよいと思います。

また車中の時間を利用して、子どもといろいろな話をしましょう。子どもも車内広告の

電車の中では、保護者が子どもにあわせて適切な対応を

写真や周囲の大人に興味を持っています。

また、周囲の大人にも味方になってくれる方もいます。特に年配の方々の中には、「子どもたちと関わりたい感」を前面に出している方がいます。こういう機会を利用して、子どもに知らない大人との話し方を教えればよいのではないでしょうか。例えば、知らないおばあさんに「おいくつ?」と聞かれて、子どもが「4」と答えたとしましょう。この後、親が「4歳です」と丁寧語や最後まできちんと話す仕方を、子どもの言葉の後にリフレーズすることで、きちんとした言葉遣いを子どもも学びますし、周りの大人への印象もずいぶん変わります。

電車移動の時間を意識的に教育の場とする

保護者の方の中には、子どものために右往左往して、あの手この手を使うことを好まない方もいるかもしれません。しかし、子どもがある程度大きくなっても、なだめすかして、また叱って元気づける日々がまだまだ続きます。もちろん子どもに媚びるのと、上手なコミュニケーションは違います。子どもの連想を上手に沸き起こし、より楽しい時間を過ごせるような手練手管は必要なコミュニケーションの手段だと私は考えます。

移動中に騒がないように、スマホやゲーム機に子どもを預けてしまうのも、私はいかがなものかと思います。新幹線や飛行機など退屈になってしまう長距離移動は別ですが、電子機器に子育てを任せて、まったく会話がない親子というも味気ないものですし、その後のコミュニケーションを阻害してしまう要因になります。

先ほど、ダウンタウンの松本さんのツイートにからめて、私も小学生の子どもが騒いでいたら親の責任と書きましたが、同氏のツイッター上のその後のやりとりでも見られるように、実際には割り切れるような単純な話ではありません。どうしても車中で落ち着いていられない発達上の問題を抱えるお子さんも増えてきています。このような事例では、保護者の方を責めるわけにはいきません。

このように、今日の子どもの世界も、大人の世界同様に複雑化し、一方的に誰かを断罪することでは済まない状況になってきています。そこで求められるのは、大人の寛容さと保護者の知恵でしょう。もちろん昔のように見知らぬ人々と車中で会話し、社交する必要は必ずしもありません。しかし、車中の方とも「袖触れ合うも多（他）生の縁」です。子どもを連れて電車に乗ることがお互いにとっての威嚇行為になるような社会から、お互いをよい意味で配慮し合うような社会へと変わっていくことに異論を唱える方はいないでしょう。そして、子どもが保護者と一緒に電車に乗って、いろいろな方と接することは、道徳性および社会性の芽を育んでくれると思います。

重要なのは、保護者がそのようなことに意識的になって移動を教育の場にすることだと思います。保護者の言動や振る舞いを子どもたちはよく見ています。保護者が、座席が空いていても乗車時間が短ければ立っていることを習慣づけている姿や、率先して高齢の方に席を譲る姿を、子どもたちはきっと見ています。その場でその行為の意味が理解できなくても、大きくなってから保護者の皆さんを見て学んだことが生きてくるはずです。このようにして、目には直接見えないような非認知スキルが育ってくるのだと思います。

保護者の「わからないから付き合えない」はもったいない

　このように鉄道での移動が教育の場だと書いてしまうと、普段の子育てでお疲れの保護者の方はげんなりしてしまうかもしれません。保護者の方も小さい子どもの育児中は疲れていますし、私も子どもと一緒に座席に座ると、短い時間でも私だけが寝ていたことがよくありました。しかし、育児は、やはり大人も楽しまないと続かない営みだと思います。

　保護者の皆さんは、子どもたちと一緒に楽しめる趣味をお持ちでしょうか。お子さんが女の子なら料理やファッション、男の子ならばスポーツやアニメ、ゲームなどが定番で、最近ではアウトドアやサーフィンなどの趣味も共有されているかもしれません。でも、なかなか一緒に楽しむのが難しい趣味もありそうです。例えば、女の子の人形遊びやファッションへの関心にお父さんが付き合うのは大変かもしれません。また、お母さんが困るのは、男の子特有のおもちゃやカード集め、プラモデル制作といったところでしょうか。

　中でもお母さん方が特に付き合いづらいのは、子どもの鉄道趣味かもしれません。なにせ鉄道は大人が日常利用しているものですし、普段使っている電車に対して、珍しさや興味を感じないでしょう。しかし駅で電車を見たり、鉄道のおもちゃを集めたりするだけが鉄道への関わりではなく、様々な入口や展開があるのが鉄道の楽しみです。そしてその趣味を通じ、子どもの興味・関心をいろいろな世界へ伸ばすことができるのも、鉄道趣味の特徴です。「わからないから付き合えない」というのは、もったいないかもしれません。

ただ、そこで私が伝えたいのは、子どもも大人も楽しくないと育児や趣味というのは続かない、ということです。子どもにとっても、大人にとっても楽しみを持つ、楽しいことを探求できるというのは、何にも増して重要な非認知スキルの一つだと思います。自然に親子が一緒に行きたい、出かけてみたいと思える鉄道の旅は、自然な形で子どもの興味を伸ばしてくれます。そうして培った幼少時の知識への興味・関心は、その後の学齢期の知的好奇心となり、自分の世界を開拓していく原動力になるでしょう。

鉄道を通した学びへの扉　スタンプラリーに挑戦

そこでおすすめしたいのがスタンプラリーです。最近では、親子での鉄道への興味の掘り起こしに、各鉄道会社がスタンプラリーや、スタンプラリーにからんだイベントを盛んに展開しています。大人から見ると、スタンプを集めるため電車に乗ったり、降りたりしなければならないのは精神的にも肉体的にも苦痛です。しかし、お子さん、特に男の子は、一度何かを集めだすと最後まで蒐集したいという「コレクションの欲求」に取りつかれて

駅スタンプや観光列車のスタンプ集めも楽しい

います。スタンプラリーの用紙を一旦手に取り、一つスタンプを押して、さらにすべて集めた際の記念グッズなどに気が向いた場合は、大人もずっと一緒にお付き合いしなければなりません。大人ならば一ヶ所に全種類のスタンプがあればいいのに、と思いますが、子どもにとっては電車に乗って、次のもの、また次のもの、さらに次のものと集めて廻るのがともかく楽しいのです。

しかしこういうイベントをきっかけに、子どもは今まで知らなかった世界に触れることになります。例えば東急線で2015年に開催された「『スター・ウォーズ 反乱者たち』プレミアムスタンプラリー」では、名作『スター・ウォーズ』の世界を知ることができました。『スター・ウォーズ』は約40年続くＳＦ映画シリーズですが、宇宙や異星人、メカニックへの興味や友情、恋愛、父子関係といった人間ドラマへの関心が高まります。時間をかけて、日数をおいていろんな駅を旅していくのは子どもにとっては冒険です。獲物は新たなスタンプですが、それをめがけて、少し電車を待って、また別の駅でスタンプ台を探し、どこでどんなものが出てくるかわからないスタンプを押した時の喜びはきっとプライスレスです。また、一つひとつスタンプについての背景知識をお父さんやお母さんから教えてもらったりすれば、よりよい教育の機会になる

イベントでは鉄道帽子など、子どもの鉄道好きを盛り上げるアイテムが活用されている

でしょう。「鉄道スタンプラリー」は知っている駅と路線を新たなハンティング場へと変えてくれます。大人も乗ったり降りたりするのを厭わずに、知らない駅構内で新しいパン屋さんやカフェでも探してみてください。思わず、また降りてしまいたくなる駅が増えてしまうかもしれません。

第三章

新しい時代の教育に向けて鉄道好きの生きる力

次期学習指導要領　学力の三要素

本書の「はじめに」で触れたように、日本の教育改革は新しい局面を迎えています。「認知スキル」や「非認知スキル」という言葉が話題になっていますが、それらをめぐる議論は、次期学習指導要領の中にも反映されています。学習指導要領とは、教育基本法や学校教育法に基づいて約10年に一度改訂される、日本統一の各学校での教育の指針を定めたものです。小学校では、２０２０年４月から、中学校では２０２１年４月から、高等学校からは２０２２年度入学生から新学習指導要領が実施、幼稚園の新教育要領は２０１８年４月から実施されます。

さて、これまでも学習指導要領の改訂は日本の教育界を超えて一般でも話題になってきています。例えば、ゆとり教育を志向して改訂されたと言われる２００２年度実施の学習指導要領で、小学校で円周率を3（それまでは3・１４）として計算してもよいとされたことは大きな議論を呼びました。また２０１７年に新しく改訂された学習指導要領の前提には、これから先の予見できないような社会の到来があるようです。具体的には少子超高齢化社会の到来やＡＩ・ロボット技術の進展による労働の変化などを視野に入れて、現在の子どもたちが活躍する20～50年後の「生きる力」を育てていかなければならないと国レベルで考えられているようです。

今回の学習指導要領の改訂では、すべての教科を①生きて働く「知識・技能」の習得、②思考力・判断力・表現力等、③学びに向かう力・人間性等、という項目で整理すると言われています。「認知スキル」もしくは「非認知スキル＝社会情動的スキル」という区分で考えるならば、①は「認知スキル」、②は「認知スキル」および「非認知スキル」、③は「非認知スキル」といったように大まかには分かれるでしょう。

①の「知識・技能」は本書において、鉄道の知識を記憶し理解すること、またはその知識獲得の技能としてすでに取り上げたつもりです。鉄道好きの子どもならば、一度徹底的に鉄道の世界に浸り、そこから他のジャンルでも適用可能な知識の獲得技術も得ることが可能です。また、③の学びに向かう力・人間性等といった項目は、幾分定義が曖昧ですが、文部科学省の説明では「どのように社会・世界と関わり、よりよい人生を送るか」に関わる項目となります。この説明を具体的に鉄道好きの子どもに即して考えると、鉄道趣味によって社会の人々や世の中の仕組み、具体的な対象などと関わって、自分なりの体系性を作り、自分にとって豊かな人生を送るということになります。このようなことは、やはり「非認知スキル」と関わりますので、幼少期に保護者がどのような体験を一緒に子どもと

過ごしたかと関わるでしょう。子どもと保護者が鉄道を使って旅行に出かけたり、鉄道そのものをテーマにして探求したりすることで養われるのが、この③の項目となります。

さて、この中の②思考力・判断力・表現力は、特に社会で仕事をするためには重要な力です。①の知識・技能を活用して考え、具体的な状況に応じて判断していくというのは、生きていく上で重要な能力となるでしょう。また、②の項目と関連して、今回の学習指導要領の改訂では、アクティブ・ラーニングという概念が学校教育の中で広められるはずでした。

アクティブ・ラーニングとは、文字通り直訳すると、積極的な学びとなります。具体的には、生徒が主体的に自分で問題意識を持って、自分で思考し、また問題を具体的に解決していく際に様々な判断をし、他者に自分の考えを表現し、また他者の考えを受け入れていくということになります。アクティブ・ラーニングは教育業界では相当な話題になったのですが、概念が広すぎるということもあり、結局は今回の学習指導要領の改訂において、この言葉自体は使われることがありませんでした。ですが、主体的に自己の思考力・判断力・表現力を学びに活用していくという発想はそのまま残されています。

思考力・判断力を育てる時刻表趣味

このような②思考力・判断力・表現力等に関しても、鉄道は、先々を見通す能動的な知性を育むツールとなること請け合いです。例えば、鉄道好きの方の中には、時刻表を見ているだけで何時間でも過ごせるという方もいるでしょう。スマホが浸透した今日、インターネットにつながれば、鉄道経路や時間はすぐにでも簡単に調べることができますが、時刻表好きにとっては、路線図や数字の羅列を通して、ルート、時間、計画を頭の中で思い描くのが至福の時間なのです。スマホなら、ある駅から別の駅までの行き方について、最短時間、乗車賃、特急使用の有無など一瞬で示してくれます。しかし、時刻表好きにとっては、そのような合理的な乗り方ではなく、様々なルートをたどり、いかに多様に乗り継ぐことができるかを自分の頭と時刻表を使って考え出すことが喜びです。これは一見、スマホで検索するのと比べて無駄な作業と思われる方もいるでしょうが、時刻表を用いてルートを見出すことは思考力・判断力のよいトレーニングになっています。

例えば、東京～大阪間ならば東海道新幹線を用いるのが一番速い方法でしょう。ですが、新幹線という選択肢を一旦捨てて、在来線で移動という制約を自分に課すと、東京から東海道線だけではなく、中央線ルート、上越線ルートなどなどいろんな可能性が見えてきます。東京～大阪間というのは、時刻表好きにはあまりに単純な例えかもしれませんが、路線図にはそもそも出発駅～到着駅の無限の可能性が広がっています。実際に旅をしなくても、ルートや乗り継ぎ、時間などを考えることで、頭の中では無限の旅路が生まれていることになります。

さて、このような時刻表でのシミュレーションが、どのようにして、思考力・判断力といった能力と関わってくるのでしょうか。そのような時刻表を使った空想遊びをするより、新幹線などで合理的に移動した方がかしこいのでは？　という疑問を持たれる方もいるでしょう。しかし、現実の社会で思考力・判断力が必要になってくるのはどのような状況でしょうか。日常がルーティン通りに動いている時には、思考力・判断力を特に必要ではありません。そうではなく、想定外の出来事が起こったり、自分の身が危うくなったりした時にこそ、思考力・判断力を働かせる必要があります。つまり、いつも新幹線が使えると思っていると、そのルートに関しては、思考力・判断力を働かせる機会を失っていることになります。したがって、多様な状況を自分で設定し、日常と違ったものに想像を向けていることこそが、思考力・判断力を働かせる訓練となるでしょう。

近年、東日本大震災などの経験から、防災意識がこれまでなく高まっています。そのため、学校などでは防災訓練が日常の中に組み込まれています。もちろん、備えあれば憂いなしですが、しかし絶対に自分が想定していないことが起こるという意識も必要でしょう。自分が想定していない状況に置かれた時のために、普段から日常を疑い、様々なシミュレーションを自分の頭で組み立てるということは、思考力・判断力を活動させておくために大事な練習だと思います。鉄道趣味の一つに過ぎず、純粋な思考の楽しみと思われているような時刻表趣味は、そういった意味で、子どもをかしこくする重要なツールだと思います。

保護者の応答が子どもの表現力を育てる

先の学びの三要素の②には、思考力、判断力に加えて表現力が含まれています。一般には鉄道好きは、オタク気質で、自分と関わりの濃い人間以外には自己表現があまりうまくない人が多いと考えられています。ですが、前述のように、他の人間とは違う想定をもって、様々なシミュレーションを組み立てている人間は社会にとって貴重な人材となるはずです。つまり、鉄道好きがどんどん自分の意見を他者に伝えていくことは社会にとって有為なことなのです。このような表現力は、授業中に先生に当てられて正答を伝えるのとは少し違った力です。相手に応じて、どのように話をすればよいか、またどういう表現ならば伝わるのかということは、自分とは違う世界に生きている人間に何かを伝えるために考えておかなければならないことです。

そして、こうした表現力は、子どもが意識してすぐにできるものではありません。子どもの表現力の源は、保護者の子どもへの言葉がけにあります。子どもが言葉をある程度理解してきて、質問をよくするようになる4～5歳くらいに、保護者の方は丁寧に子どもの質問に答えるべきだと思います。この頃の子どもは大人が思いがけない質問もします。そのような質問に対して、「そうと決まっているからそうなの」といった乱暴な回答では子どもの好奇心はしぼんでしまいます。質問に対して、保護者の方は常に正しく解答できる必要はありません。必要なのは、解答ではなく、応答です。子どもの質問に対して、「そうね、不思議だね。なんでだろうね」と一緒に考えていく姿勢を見せていくこと、そしていろんな言葉や例えを用いて、子どもの観念を育てていくことこそが、子どもが小学校以降で成長させる表現力の源です。

このように考えていくと、表現力は、先の思考力や判断力と別々の力ではないはずです。そしてそれらの力はなかなか一人の中で培うことが難しいものです。やはり最初は保護者の方との会話の中に思考力、判断力、表現力の種はあります。一緒に考え、一緒に何か言葉を見つけていこうとする保護者の応答の姿勢こそが、小学校以降の学力の土台です。この保護者と一緒に対話したこの土台は、ある程度成長した子どもの中での自己内対話となります。自分の中で複数の立場の異なる人格が共鳴しあって、思考力や判断力、表現力は磨かれていきます。そして、鉄道は小さいお子さんから小中高の学齢期の子どもにまで、それぞれの年代にあった思考力、判断力、表現力のテーマを提供してくれます。

鉄道の卒業は4歳頃

ここまで鉄道好きの利点について書いてきました。しかし、いつまでも子どもが鉄道好きとは限りません。お子さんが鉄道好きだった保護者の方が、よくお話ししてくれるのは、4歳くらいになると子どもの鉄道への興味がなくなってしまうという現象です。もちろん、すべてのお子さんがそうではないのですが、そのあたりの年齢で多くの鉄道好きの子どもの興味が、別のものに移行していきます。第一章でも取り上げた、私が行った調査でも、鉄道への興味は1～3歳に集中しています。ということは、3歳くらいから別のものに興味を持ち始めて、鉄道から離れていくということになります。私の調査では、男の子

男の子は３歳くらいで、鉄道から一旦離れる。私の息子たちは仮面ライダーに興味が移った

の場合は、戦隊モノや仮面ライダー、もしくはスポーツ、電子ゲーム類などに興味が移っていく傾向があるようです。この理由は、私の推測するところでは、鉄道を素材にした遊びの多くが一人もしくは保護者と遊ぶものであり、また戦隊モノや仮面ライダーは、ごっこ遊びやテレビなどで話題を友達と共有しやすいこと、スポーツ、電子ゲーム類は一緒に友達と遊ぶことができることがその理由でしょう。

4歳以降の鉄道好きには、利点が多くある

さて、一般的には4歳くらいになると鉄道への興味がなくなるようですが、私はよく、4歳以降のお子さんのいる保護者の方の多くから、「子どもが、電車を好きすぎるんですけど大丈夫でしょうか」と相談を受けます。私は、無理に止めさせる必要はないと考えています。それは、4歳以降も鉄道好きであるということは、認知スキルや非認知スキルの上で多くの利点があるからです。ですが無理に鉄道好きにする必要もないし、無理に留める必要もないとも思います。鉄道を好きになるには周囲に電車が走っているなど環境の要因もありますし、またすべての子どもがそのような環境で必ず好きになるわけでもありません。

また強調しておきたいのは、この本の趣旨に反するかもしれませんが、鉄道好きでかしこくなるというのはあくまで一例であって、他の趣味や関心のジャンルでも自分で探求し周りの人々の手助けがあれば、子どもはかしこくなります。そのようなことを前提にした上で、鉄道で培ったものは、将来子どもの中で息づいているということを保護者は知っておく必要はあるのではないかと思って、この本を書いています。したがって、「鉄ちゃん」になることを恐れずに、どんどん興味のあるものを吸収するように、子どもの鉄道環境を整えてあげればよいでしょう。

もちろん、新しく出たものや目についたおもちゃをすべて買うことが、環境を整えるということではなくて、子どもが示した関心・興味を見逃さず、それを伸ばすように子どもを刺激してあげるということです。子どもが鉄道の駅に興味を示しだしたらあまり降りる機会のない途中の駅で降りてちょっと歩いてみるとか、鉄道車両に興味を持ち出したらイベントなどで車両基地見学に行ってみるとか、いろんな機会があります。ということで、保護者の方も子どもが興味を持ったことに、一緒に興味を持って楽しむということが一番よいと思います。

なぜ、男児の方が鉄道よりを好むのか

「子どもが、電車を好きすぎるんですけど大丈夫でしょうか」という相談に加えて、もう一つよく聞こえてくるのが、「やっぱり男の子は電車が好きなのね」という保護者の方からの声です。最近でこそ、女子の鉄道好きというのも社会的に認知されてきていますが、大人にしても子どもにしてもやはり鉄道好きは男性というイメージがあります。第一章でもお伝えしたように、やはり男児の方が鉄道や車などの乗りものを好むというデータがあります。

男児が鉄道などの乗りものを好む理由は、これまで性別による生物学的な性差というよりは、文化的な要因が大きいのではないかと言われてきました。文化的な要因とは、例え

ば、女の子だからスカートをはいても大丈夫、男の子ははいてはだめとか、男の子は青の登園かばん、女の子は赤のかばんといった文化的な慣習に起因する男性と女性の違い（ジェンダー）のことです。このような文化的な要因によって、男の子に向けて鉄道のおもちゃが宣伝され、保護者も男の子だからこういうものを好むだろうという形で男の子の鉄道好きというのが文化的に強められていくわけです。

しかし、近年、そもそも男性は、文化以前に生物学的に鉄道のようなものを好むという説が発表されて、研究者を驚かせました。

とはいえ、文化の影響がまったくない子どもというのは想定できるでしょうか。子ども自身になくても、保護者は文化の影響を受けています。保護者の影響がまったくない子どもはいません。ということで、人間の子どもにおいて、文化以前のまっさらな姿を想定することは難しいわけです。

そこで、進化論的・遺伝子的に人間に近い生き物を対象にした調査が行われました。霊長目オナガザル科のベルベットモンキーのオスとメスに、人間の子どもが好むおもちゃを与える実験です。この実験からは、ボールやパトカーなどの、いわゆる人間の男児が好むおもちゃは、ベルベットモンキーのオスに、ほぼ2倍の接触時間（メスとの比較）で好まれたという結果が出ました。また、逆に人間の女児が好むと思われる人形は、そのメスにほぼ3倍の接触時間（オスとの比較）で好まれたというのです。

進化論的に、また遺伝子的に近いサルの実験を人間に適用するならば、人間の男児も、一般的に男児が好むと言われるような乗りもののおもちゃを生物学的に好むことになります。この実験は追試も行われ、専門的にも信用がおけるものです。ということで、現在は、男児は、乗りもののおもちゃのような文化的に男の子のおもちゃと考えられるものを生物学的にも好むという説が正しいとされています。

「システム」の男児、「共感」の女児

では、女児が鉄道を好むというのは、おかしなことなのでしょうか。性的少数者を指すＬＧＢＴという言葉も社会的に拡がり、「これは男性のもの、これは女性のもの」という区別自体が過去のものになりつつある今日では、女児が鉄道趣味を持っていても、またお母さんがママ鉄になっても、誰からも後ろ指をさされるようなことではありません。また私自身の考えでは、女児こそ鉄道趣味から学ぶものは多いのではないかと思います。

近年、脳機能研究が進歩し、実際に活動している人間の脳を可視化することが可能に

なってきています。それらの研究において、「男脳」および「女脳」という類型が見出されるようになってきています。『話を聞かない男、地図が読めない女』という本が2000年頃に世界中でベストセラーになりました。このタイトルを聞いて、ウンウンとうなずかれる方は多いと思います。話が聞けないというのは多くの男性の特徴で、共感に欠けるということです。また地図が読めないというのは、地図を見ながら町を歩いたりする空間認知能力を多くの女性が苦手にしているということです。このタイトルが端的に指摘しているのは、男と女はもちろん同じ人間ですけど、頭の中はずいぶんと違うということです。

同じような区分で、S・バロン＝コーエンという心理学者は、男性の脳をシステム化傾向が強い脳、女性の脳を共感傾向が強い脳としています。システム化傾向の脳というのは、物事を体系的・俯瞰的に捉えるのが得意な脳であり、共感傾向の脳とは、物事を感情的に関係的に把握する脳ということです。つまり、男性の脳は、一つの事柄を自分に対してどうかということではなく、その事柄が置かれている体系を理解して、把握したいという傾向があり、女性の脳は、まずは自分にとってどうかという感情において関わりたいというのです。

この2種類の脳の違いは、遺伝子の違いおよび母親の子宮内で胎児期に浴びるホルモンの濃度などによって作られ、また脳の内部の神経伝達細胞のつながりを捉えるｆＭＲＩなどでも確認されているそうです。また、本書の第一章で述べた2〜3歳くらいに見られる男児のおもちゃなどへのコレクションの欲求（所有原理）は、このシステム化傾向の具体的な現れです。物をすべて網羅的、体系的に集めて、手元において操作的に把握したいというのは男性特有の傾向です。おもちゃだけではなく、いろんなグッズを集めるというのは男性に多く見られるものです。女性でも、ブランド製品を集めるのが好きな方はいますが、その際の集め方は網羅的というよりもファッションアイテムとして必要なものを新作が出たら買うという感じです。コレクションといっても男性と女性で集め方の傾向も違うというわけです。

女児にこそ鉄道を

このように男性と女性の脳は生物学的に違っているということが近年の研究でわかってきています。しかし、ここではっきりとさせておかないことが三つあります。

一つ目は、この男脳・女脳という区別そのものは、具体的な個々人に当てはめることが

女の子も、線路をつなげて空間認知能力を伸ばす

難しいものだということです。つまり、この人は男だから、男脳の機能しかもっていないということではなくて、多くの人を対象にした統計的な調査から男性の脳は、女性の脳より、システム的な脳の働きに特化している傾向があるということです。また逆に、女性の脳は、男性の脳よりも、統計学的に共感に優れている傾向があるということです。つまり、統計学的な傾向について論じているだけで、具体的に、誰々さんが男だから男脳、女だから女脳と言えないということです。別の例で言うと、日本人とアメリカ人の平均寿命を比べると日本人の方が長寿ですが、具体的な日本人とアメリカ人の二人を選んできて、この平均寿命

のデータからどちらが長寿かを判定できないという例を考えてもらえばよいと思います。

また重要なことの二つ目は、バロン＝コーエンは、男性脳・女性脳という定義をしていますが、それはあくまでも極端なわかりやすい事例に過ぎないということです。男性だからこういう脳ということではなく、多くの男性はこういう傾向があるということは先にも述べましたが、人間の脳の働きは対立する二つの概念で分けられるほど単純ではありません。例えば、男性がシステム脳であり、論理的で空間認識に優れているのだとしても、その論理を把握する力と空間認識力の二つが同じ男性に備わっているかどうかはわかりません。また女性が共感的だとしても、その共感性と男性的とされる論理性が一人の女性の中に備わっていたとしてもまったく不思議ではありません。

特性を理解し、苦手なところは長い目で補っていく

そして、三つ目として、もっとも重要なことは、人間の脳は可塑的だということです。可塑的というのは、文化や教育によって人間の思考や嗜好は大きく変わることを示しています。ですので、システム的な思考を好む男性の方も経験や場数によって他の人に共感的に接したりできるようになれますし、地図を持って知らない街を歩くのが苦手な女性の方

も経験を重ね、コツさえ飲み込めばそのようなことも得意になるわけです。したがって、このシステム志向の男性脳および共感志向の女性脳のいう区分は、あくまで男性および女性のデータ分けから抽出された統計学的傾向であって、あくまで目安に過ぎないということになります。

それでも、このような区分がまったく意味がないわけではありません。大規模な統計で示されていますし、世界中の多くの研究者によって追認されている傾向ですのでもちろん信頼できるものです。ただし、何度も言いますが、ある特定の個人の志向を断定できるものではありませんし、またそのような志向は変わりうるものだという認識が大切です。

その上で、読んでくださっている方のお子さんが鉄道好きでしたら、ぜひともそのお子さんの志向を理解された上で、伸ばすべきところはより伸ばし、またちょっと苦手なところは無理強いせずに長い目で苦手を補っていくという育て方をされるとよいと思います。具体的に言いますと、男の子でずっと鉄道好きだとしましょう。自分でどんどん鉄道の知識を吸収していけば、記憶力や理解力といった認知スキルはどんどん自分で訓練していることになります。つまり、物事を体系的に網羅的に理解していくシステム脳の方面はどんどん自分で伸ばしていってるので、その志向は理解した上で、他者の気持ちを理解するような共感脳の方面を保護者の方が意識的に長い目で補っていかれたらよいと思います。

また、女の子で鉄道好きだとしましょう。男の鉄道好きのようにはおもちゃやグッズを徹底的に集めるということはしないかもしれません。またＪＲ全線乗りつぶしというような網羅的な傾向はあまりないでしょう。女の子には女の子の鉄道の楽しみがあると思います。もちろん、男性にはまったく見られず女性だけの鉄道趣味の特性というのはないかもしれませんが、例えば、家族で一緒に夜行列車に乗るとか、かわいく盛り付けられた駅弁を食べるのを好むならば、保護者の方は一緒に付き合ってあげればよいと思います。その上で、路線図を把握するとか地図を使って街歩きをするとか女子が苦手とされるシステム脳の訓練も保護者が促していくことは、よい教育の機会になると思います。しかし、このような想定は社会が設定したジェンダー・バイアス（性差による偏見）に基づいているのかもしれませんので、女の子でも好きなものは好きでいいと保護者が割り切って、好きなことならばどんどん後押ししてあげるということの方がむしろ大切なのでしょう。

この節では、男性と女性の違いを生物学的なレベルからお話ししましたが、大切なのは傾向の違いを知った上で、具体的な子どもの特性を理解し、それぞれにあった形で伸ばすべきところを伸ばして、苦手なところを嫌いにならないように長い目で補ってあげるということです。その上でもすでに述べたように様々な教育の素材がある鉄道趣味というのは、男の子、女の子のいずれにとってもいろんな教育の機会になるということです。

車でも飛行機でも船でもなく、なぜ鉄道なのか

さて、ここまで読んでくださった皆さんには、疑問はまだまだいっぱいあると思います。そのうちで一番大きいものは、なぜ鉄道なの？　ということだと思います。他の乗りものの車だって、飛行機、船だって、子どもにとって有益な趣味になるんじゃないの？という疑問はあると思います。その疑問に対しては、私は別の興味関心も、子どもにとっては有益なものだと答えます。子どもが自分で関心を持って自分でどんどん知識や技能を拡げていくものは何でも有益だと思います。ただし、刺激や興奮が強すぎる電子ゲーム類は、子どもが遊んでいるというより、刺激によって子どもが遊ばされているとも言えます。また、目や脳に負担をかけているという副作用が強いと思いますのであまりおすすめができませんが。

話を鉄道以外の他の趣味に戻すと、もちろんどんなものでも有益です。しかし、鉄道には他の乗りものと比べて、様々な優位性があると私は思っています。まずそれは世界に誇

ドイツ、ベルリン市の近郊鉄道Sバーン。どれも同じデザインの車両

る日本の鉄道文化の優位性でもあります。具体的に述べますと、まずこんなに鉄道の種類が多くあり、それを鉄道ファンが認知している国は日本以外にないと思います。例えば、鉄道発祥のイギリスや、ヨーロッパの随一の工業国ドイツも鉄道大国として知られていますし、それぞれの国内には充実した鉄道網がひかれています。ですが、一国内の鉄道の種類の多さは日本にまったくかないません。ドイツにも新幹線にあたるＩＣＥ（インターシティエクスプレス）がありますが、どの車両もカラーリングは一緒です。またドイツの首都ベルリンでは地下鉄や近郊鉄道が発達していますが、どの路線、どの方面に乗っても、車体の新旧を除いては、種類の違いは目につきません。黄色い地下鉄の車両やドイツカラーの赤黄黒で彩られた近郊鉄道の車両は国や都市のア

イデンティティーを示すものかもしれませんが、日本の鉄道のように路線や列車の種別によってそれぞれ特有の電車に乗るという楽しみはありません。

ちょっと話が脱線しているかもしれませんが、鉄道趣味の拡がりは日本が世界のどの国よりも充実しています。文化的には、他のジャンルと同様にガラパゴス化していると言えなくもないとの問題を指摘されています。新幹線の新路線のために新しい車両の外観や内装がデザインされ、またドクターイエローのような新幹線検査車両がこれほどまでに興味を持たれている国は日本だけです。そして、このような鉄道文化は、他の車や飛行機などと比べても圧倒的な拡がりと深さがあります。

日本の鉄道おもちゃは多種多様である

日本ほど、多種多様な鉄道おもちゃが販売されている国は他にはないでしょう。アメリカ発祥の玩具量販店のトイザらスは世界中にありますが、鉄道おもちゃの売り場を覗いてみれば、どの国に行っても（とはいえ、私が知るアメリカやヨーロッパ、東アジアの国々に限りますが）、ＢＲＩＯなどの木製の鉄道おもちゃと「きかんしゃトーマスとなかまたち」のおもちゃが置かれているだけです。そして、各国独特の鉄道のおもちゃは、おもちゃ屋ではなく、大きな鉄道駅で数種類売られているだけです。

よく考えれば、ある種類の鉄道はある国の特定の地域しか走っていません。海外の大きな玩具メーカーは、そのような特定の地域の特定の鉄道を製品化しません。というのは、それらは世界中での販売に不向きだからです。それに対して、例えば、フォルクスワーゲンのミニカーはその車が輸出されている世界中の国で販売することができます。というように、鉄道のおもちゃは世界をターゲットに販売することができないおもちゃということになり、必然的にローカルかつ小規模の商品展開になってしまうわけです。

にもかかわらず、日本のタカラトミーのプラレールや、トレーンのNゲージダイキャストスケールモデルは、日本の各地域のローカルな鉄道も含めて多くの車両を商品化しています。このあたりは、日本の子どもがたくさんの種類を求めてコレクションする傾向があるのと、メーカーが職人気質で細かいこだわりをもって製品を生み出し続けるという理由があるのでしょう。またプラレールに関しては、メーカーにその歴史やビジョン、製品展開について聞いていますので別の節で書きます。

ですが、鉄道おもちゃだけが素晴らしいとは言い切り難いのも事実です。例えば、鉄道と並んで、小さな男の子の好みの双璧をなす車は日本の内外を問わずいろんなメーカーのものが走っています。ミニカーもたくさん種類が出ています。私自身も幼少期はミニカーが大好きでしたし、道を通る車の名前がすべて言えたようです。またマイカーとして、車はその家庭の一つの拠り所にもなります。どこにでも行けますし、自分のうちの車ということで感情移入もできます。そういった意味で車の文化や世界も幅広く奥行きがあるものと言えるでしょう。また、働く車も地味な印象がありますが、子どもは興味を持ちます。ショベルカーやロードローラーといった名称は非日常的ですが、街を歩いているとよく工事現場などで見かけます。飛行機も子どもにとってやはり興味を引く対象です。いろんなカラーリングで世界のいろんな国に行ける飛行機にも子どもは興味を持ちます。

改めて、鉄道こそが子どもをかしこくする

しかし、本書の筆者は、鉄道こそが子どもをかしこくすると言いたいのです。その理由として、まず先にも述べたように、日本だけでも全国津々浦々で圧倒的な種類の鉄道が見られます。そして、鉄道の楽しみはいろんな頭の使い方を開発してくれます。例えば、車のカラーリングには、パトカーや消防車などの特殊車両を除いて、バリエーションや好み以上の意味はありません。しかし、鉄道の場合、同じ形式の車両でも色が違えば路線が違

うというように、その色や名前は実際の路線の中でそれぞれ意味を持っています。つまり、それぞれの鉄道は、色、形、名前の違いを持つ一つの記号なのです。これらを見分けて、区別することで子どもの認識力、記憶力が高まります。

鉄道車両にはいろんな記号が添付されています。なぜ、鉄道がそうなっているかというと、鉄道は走るところや時間が決まっているからと私は考えます。鉄道には自由はないのです。合理的に決められた路線や時刻表に沿って鉄道は動きます。つまり他の乗りものに比べて圧倒的に制約が強いのです。その制約は、色、形、名前といったそれぞれの記号によって表示されています。そのような記号を読み解いていくことは、子どもの発達に資するのです。

車内および駅は公共空間ですし、様々な人と交わる一つの社会です。鉄道の中ではマナーや社交を身につけることができます。鉄道の旅で同じものを見て価値観を共有することは親子関係のベースになります。鉄道が車と違うのは、車は保護者が所有・運転することが可能なことです。車を運転する保護者を見て、子どもは尊敬の念を抱くかもしれません。ですが、車と違って一般の方は鉄道を所有することも、運転することもできません。老朽化した鉄道車両が売りに出されて、商業施設などで再利用されるケースもありますが、自分で所有し、なおかつ公の線路の上を自分で運転することは、どこかの国の国王にでもならない限り不可能なのです。

しかし、所有できないことや、運転室に立ち入れないことによって、鉄道は子どもにとってより大切なもの、より貴重なものになる可能性があります。鉄道が所有できず、運転できないからこそ、子どもは自宅で図鑑を眺めながら、見たこともない電車や路線や、遠く離れたところを走る珍しい電車に思いを馳せます。そして、日常で乗る鉄道の他に、遠くへ旅する時に乗る鉄道、モノレールやケーブルカーなど個性的な鉄道、夜行列車のような非日常的な鉄道にいろんな思いを込めます。鉄道は、子どもにとっても単なる移動手段ではありません。そして、日本のガラパゴス化した鉄道文化が相まって、子どもと、そして大人の興味をいつまでも引き続けるものです。

代表的な鉄道おもちゃ　プラレールについて

鉄道おもちゃと子どもの関わりについては、第一章で述べていますが、具体的に、子どもにとって身近でかつバリエーションが豊富な鉄道のおもちゃと言えば、やはりタカラトミーが発売しているプラレールです。タカラトミーが２０１０年に子どもと保護者に向けて行ったアンケート調査では、2〜7歳の男児の92・1％がプラレールを知っているそうで、72・3％が1台以上のプラレールを所有し、なおかつ2〜7歳の男児の所有台数は、平均8・5台にも上っているそうです。またプラレールで遊びたい2〜7歳の男児は78・6％で、子どもをプラレールで遊ばせたい保護者は83・4％という結果が得られています。子どもが直接プラレールで遊びたいかよりも、保護者が子どもを遊ばせたいかという割合の方が高くなっています。私自身も、タカラトミーの調査結果を見る前から子どもはプラレールが好きだという印象をもっていましたが、データからは親が好んで子どもに買い与えて、遊ばせているということが読み取れます。

1959年に発売されたプラレールは、ヨーロッパの木製レールセットを見た（現在のタカラトミーの）創業者・富山栄市郎氏が「レールの上を、モーターを積んで走り回るいろいろな車両を作れ」と発した一言から始まりました。同社内に樹脂玩具設計部門が創設されたのは、プラレール発売の2年前、1957年です。金属や木製の玩具が主流であった時代に、当時は新進素材であったプラスチックを使った玩具の開発・製造を行うことになりました。

研究室の開発メンバーは、「どの家庭にもあるちゃぶ台の上で遊べる大きさに」とい

ちゃぶ台の上で遊べるようにレールのサイズが設計された。株式会社タカラトミー提供

う、富山氏よりの指示に沿って、レールや車両の規格についてオリジナルの形を探っていきました。曲線レールを円形にした時の直径は、ちゃぶ台の大きさに合わせて４７０㎜に設定されました。プラレールは当初から、家庭が団らんの時を過ごす茶の間の真ん中にあるちゃぶ台の上で、子どもと親が一緒に遊べるように設計されていたということになります。

円形は、曲線レールを８本つなげて作ります。レールは、時代とともに車両の設置面や材質などの細かい改良が加えられていますが、１９５９年の登場から現在まで、基本規格がほとんど変わっていないので、例えば、お父さんが子どもの頃遊んだレールと、お子さんのレールをつなげて遊ぶこともできます。おじいさん

プラ電動夢の超特急ひかり号。実在の車両をモチーフとしたはじめてのプラレール。株式会社タカラトミー提供

が子どもの頃遊んだレールもつなげられるでしょう。親子、あるいは親子孫三世代でも楽しめるおもちゃと言えそうです。

1959年の発売当初のプラレール車両は、ちょうど子どもの手に合うように作られ、子どもの手で動かす、手ころがしのおもちゃでした。車両に小型モーターを内蔵し電池を動力源とした電動車両となったのはその2年後です。そして、東京～新大阪間を高速で結ぶ東海道新幹線ひかり号が登場した1964年に、実在の列車をモチーフとしたはじめてのプラレール「プラ電動夢の超特急ひかり号」が発売されました。実在の列車の商品化は子どもたちにも人気となり、現在の新型車両のラインナップにつながっています。余談となりますが、この「プラ電動夢の超特急ひかり号」のカラーリングは実際のひかり号とは異なり、ホワイトとレッドのツートンカラーでした。理由は、国鉄が提示していたひかり号の実車完成前のイメージイラストがこの色だったからです。プラレールは変更が追いつかずこの色になったとのことです。現在では考えられないような理由ですが、そのため今では「プラ電動夢の超特急ひかり号」は、貴重なコレクターズ・アイテムになっているようです。

さて、１９７０年頃からは、発売当初からのオリジナルデザイン車両がなくなり、実在する車両ラインナップが増えました。また、１９８７年に当時の日本国有鉄道が分割民営化され、ＪＲ各社でオリジナルの車両を続々リリースしたことが、プラレールのラインナップの幅の拡がりにつながりました。本書では、海外にはプラレールのような多品種の鉄道のおもちゃは「きかんしゃトーマス」シリーズ以外にはない、と書きましたが、プラレールそのものは海外でも販売されています。台湾、中国などでは現地車両をプラレール化し販売、欧米ではＴｏｍｉｃａのブランドで、ミニカーのトミカとプラレールをセット販売するなどの海外展開がされています。

ホームドアに親しめる大型駅「今日からぼくが駅長さん！ガチャッと！アクションステーション」。株式会社タカラトミー提供

プラレールで身の回りの社会を学ぶ

先にも述べたように、発売当初のプラレールは子どもが一人で遊ぶというより、家族みんなで遊ぶために設計されていました。また「プラ電動夢の超特急ひかり号」発売時の値段は４００円と、国鉄の初乗り運賃が20円だった当時の物価水準を考えると、かなり高価なおもちゃでした。このようなことから考えても、当初から、プラレールを子どもの単なる一時的な娯楽ではなく、家庭教育的な意義を持つおもちゃとして販売していたようです。子どもの発達を踏まえ、また家族と家族、世代と世代をつなぐ意義をそのプラレールのコンセプトに付与していました。

タカラトミープラレール企画部に、プラレールに込められた思いについて伺いました。まず同社はお

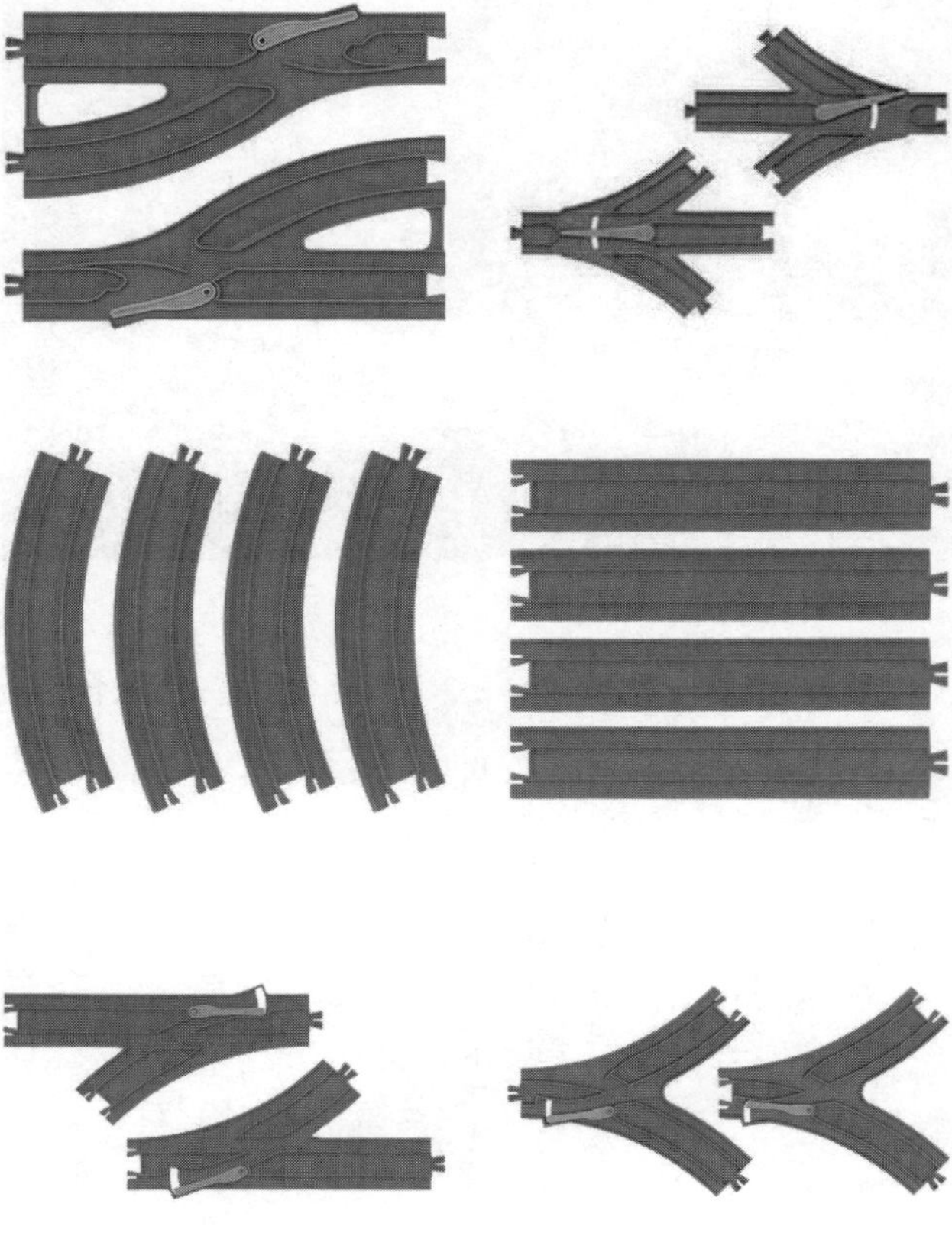

何種類もあるレールの一部。想像して、自由にレイアウトを組む。
株式会社タカラトミー提供

もちゃを「社会の縮図」として捉えており、開発者にはおもちゃを通して身の回りの社会のことを子どもに学んでほしいという思いがあるそうです。近年、実際の鉄道駅のプラットホームにはホームドアが多く設置されていますが、ホームドアへの関心の高まりを受け、2017年には、プラレールとしてはじめて自動式のホームドアを採用した大型駅「今日からぼくが駅長さん！ガチャャッと！アクションステーション」を発売しました。このおもちゃには、おもちゃとして楽しんでもらいたいということはもちろん、ホームドアの安全性についても楽しみながら学んでほしいというという開発者の思いが込められているとのことです。

職人が車両を制作した「伝統工芸×プラレール」。株式会社タカラトミー提供

プラレールで創造性を育む

　社会とのつながり以外にも、プラレールを通して育んでもらいたい子どもの力がありま す。タカラトミーには、プラレールの青いレールや情景部品を自由に組み上げることで、創造性や図形認識能力を育んでほしいという思いもあるようです。創造性につながる話題として、日本の伝統工芸の技の美とプラレールを組み合わせる企画も展開されました。「伝統工芸×プラレール」と銘打たれたこの企画では、江戸切子、箱根寄木細工、京都竹工芸、漆塗りの四つのアートプラレール作品を実際の職人が制作しています。

　タカラトミーには、家族と一緒に遊んだり、弟にレールの組み立て方を教えたりしているという子どもの声が多く寄せられています。また、プラレールを通して、踏切などの社会ルールを学び、友達と一緒に遊ぶという協調性を身につけているという保護者の声もあります。

このように、プラレールはただのおもちゃではないのです。もちろん、プラレールだけが子どもの育ちに有益であると言うつもりはありませんが、プラレールは「社会の縮図」を示し、子どもたちの育ちと学びに半世紀以上大きく貢献してきたことは事実です。

第四章

教育現場における鉄道活用例

協同性は、幼稚園や保育所、認定こども園で育つ

ここまで本書では鉄道趣味を軸にした、子どもと保護者との関わりについて論じてきました。認知スキルおよび非認知スキルと呼ばれるような世の中を生きていくために必要な力の両方を、鉄道を通して伸ばすことができるのではないかと思っています。ですが、非認知スキルと呼ばれる人と関わる力のうち、同年代の子どもと一緒にプランを立て、何かを行うといった協同性は、幼稚園や保育所、認定こども園といった場所でこそ育つものなのかもしれません。このような考えから、この章では、教育現場における鉄道の活用例を参照しながら、子どもの成長発達について考えていきたいと思います。

幼稚園草創期における鉄道の活用事例「幼児の汽車遊び」

近年、様々な鉄道を用いた遊びや子どもと鉄道の関わりの事例が増えてきていますが、実は日本に幼稚園教育が導入され、実際に鉄道が人々に親しまれるものになった明治期から鉄道を教育の素材にした事例は多く見られます。１９０３年（明治36年）の『婦人と子ども』誌6月号には、和歌子という保姆（当時の保育士の名称）の名義で「幼児《こども》の汽車遊び」というある幼稚園での保育記録が掲載されています。この記録は、保育関係者から日

本で最初に活字で報告された保育の記録としても注目されてきたものですが、教育の場に鉄道という新しい素材を持ち込んだという意味で大変興味深いものです。

この明治の東京にあった幼稚園では、雨の日、子どもたちは思い思いに遊んでいました。そのうち、年長の二人の男の子がいくつかの腰掛を組み合わせて遊びだします。並べられた腰掛は列車に、積み上げられた腰掛は煙突となりました。そうしていると、その男の子たちは「汽車ニオノリクダサイ」と乗務員になります。他の子どもたちもその様子を見て、遊びに巻き込まれていきます。脚立の汽車が上野に着くと、「御辯當オベントー」とお弁当売りになる子どもも出てきて、東海道線の名所も登場し、どんどんいろいろな遊びが発展していきます。姆母の和歌子も乗客になりながら、この遊びを微笑ましく見つめているようです。記録にはこのように書かれています。

「遊嬉とは實に幼兒の生命である。と申しますが、此汽車遊びをひとついたしましても、幼兒は幼兒だけの規律を守つてする事でございますから、規律に服従するといふ習慣も養はれますし、多勢でする事でございますから、相互の協同一致といふ分子も無論必要でございますし、一緒におもしろく遊べば遊ぶほど社交的感情も他愛の感情も温まりますし、

其邊《そのへん》にある物をいろいろに利用してするのでございますから、思考工夫の力も養はれます。」（ルビおよび傍点は原文のまま）

不勉強なことに私がこの記載を読んだのは、この本を書き始めてからだったのですが、まさにこの本でお伝えしたいエッセンスが述べられていました。遊びは子どもの生命です。生命というのは、生命力を高めるものであり、かつ命そのもの、存在そのものだということです。鉄道遊びでは、規律や協同性、社交性も他者を愛する感情も、思考・工夫の力も養われるのです。まさに明治の保育記録に書いてある通りなのです。

このような記録もありますが、現在まで残っている日本最古の幼稚園の一つである大阪市立愛珠幼稚園でも鉄道遊びの実践が行われていたことが、当時の保育日誌に残っています。明治30年代後半からの保育日誌には、子どもが汽車になるごっこ遊びや積み木などで汽車の形を作ったという記録がいくつも見られます。また、保姆が船と汽車のどちらが速いかというような問いかけを子どもたちにしています。

また、当時の子どもたちの絵画にも機関車は登場しています（左頁）。このように鉄道が敷かれていた都市部においては、子どもと鉄道の関わりというのは、鉄道と幼稚園教育

明治期に愛珠幼稚園の児童が描いた絵「第五回内国勧業博覧会の記念帖」
（1903年・明治36年）から

の草創期から見られたということがわかります。

鉄道を保育実践に生かした今日の事例

今日でも、明治の幼稚園草創期と同じように、全国の鉄道路線網が発達している地域では、いろんな形で鉄道を幼稚園教育に取り入れた実践が行われています。その理由は、鉄道が幼稚園年代の3歳くらいの子どもが食いついてくれる素材だからでしょう。その一つの事例ですが、幼稚園教諭の阿部かほり氏（白梅学園大学附属白梅幼稚園／お茶の水女子大学大学院在学中）による鉄道を媒介にした1年間の実践は大変興味深いものですのでご紹介しましょう。

阿部氏は3歳児クラスの担当の時に、ごっこ遊びの中で入園当初よりよく親しまれていた電車ごっこを主題にした保育を行い、ご自身の研究の対象としたそうです。3歳頃は、子どもは現実の世界や絵本、テレビなどからいろいろなイメージを受け取り、自分でそのイメージを模倣しようとするごっこ遊びができるようになってくる発達の段階です。阿部氏はこの鉄道を素材にした子どものごっこ遊びを観察した結果、面白いことがわかったと言います。

3歳児が新しく幼稚園に入ってきた4～6月の段階では、各々の子どもが個々に自分のイメージの世界で遊んでいます。それぞれの子どもは自分の好きなイメージの世界で、自分が運転士になったり、椅子などを電車に見立てたりして、一人遊びをしています。この場合、電車ではなく、車のイメージも混ざっているのかもしれませんし、各々の子どもが出発進行しても行き先も異なります。3歳児クラスの1学期はまだまだ幼稚園に入った頃で幼稚園に慣れるということが課題です。遊びの発達的観点からは、一人遊びやそれぞれの子どもが関わらず同じ場所で遊ぶ平行遊びといった形で遊び、友達同士で同じ遊びを共有したり関わったりすることが少ない時期です。ですが、7月以降は徐々に一人から二人へ、そしてそれ以上の子どもが協同して一緒に遊べるようになってきたというのです。一人の子どもが運転士になり、他の子どもが乗客になったりして遊べるようになってきます。そこには、自分のイメージした世界だけではなく、相手がイメージしているものも読み取ろうとする姿があったそうです。例えば、電車に乗った子どもたちの中で、運転士役の子どもがどこに行きたいかを乗客役の子どもに聞くなどといった場面が見られたといいます。

阿部氏が2学期初めの9月の具体的な保育の場面での会話を記録していますのでそれを

引用してみましょう。

B男「出発しちゃいます。乗ってください」

T（阿部氏）「乗せてください」

＊椅子に座る。（＊は阿部氏による行動の記録。行動の主語は直前の話者。以下も同様。）

A男「この電車は車庫に戻るんだよ」

B男「でも、大丈夫なんだよ。車庫でも乗っていいよ」

C男「ぼくも乗りたい」

＊箱カートに荷物を乗せて持ってくる。箱カートの持ち手の紐を椅子に引っ掛けて、電車に乗る。

こんな風に、電車遊びは始まります。B男が出発しますと言うと、A男は、電車の進行方向を車庫と言って、自分のイメージの世界をぶつけてきます。B男はおそらく違うイメージをもっていたと思いますが、A男の車庫に戻るというイメージの世界に乗っかって、「でも、大丈夫なんだよ。車庫でも乗っていいよ」と言うわけです。そうしていると、別のC男もこの電車に乗ってきます。

A男「スピード速くなります。これは、のぞみです」
C男「ぼくは、パトカーのおうち。けいさつじょう（阿部氏の注：警察署）に行くの」
T　「警察署でお仕事なの？」
C男「うん、そう」
D子「乗りたい」
　＊電車に乗る。
D子「プリン買いに行く」

これは少し遊びが進んだところの会話です。A男の頭の中は車庫に戻るという冒頭のイメージから新幹線のぞみが加速して進んでいっているというイメージに変わっているようです。そこにC男は、別のイメージを重ねてきます。「ぼくは、パトカーのおうち。けいさつじょう（警察署）に行くの」とC男は言いますが、T（阿部氏）はちょっと驚いたように、「警察署でお仕事なの?」と確認をしています。このようにイメージが多様に、子どものそれぞれの中で拡がってくると、別のD子が電車に乗ってきます。「プリン買いに行く」とこれまでとは別のイメージをこのみんなの電車に乗せてきます。

ここで鉄道好きの男子ではなく、女子が乗ってきたというのはポイントでしょう。この女子は男の子と先生が遊んでいるのを見て、とても楽しそうに見えたのだと思います。C男が「警察署」という、この話の流れには関係のないイメージを持ってきたので、D子も安心して、「プリン買いに行く」と言って、電車に乗り込めたのだと思います。この遊びはまだまだ続きます。

A男「のぞみ101発車しま〜す」

T「私、そろそろ帰ります」

*C男に言って、警察署を立ち去り電車に乗り込む。

A男「次は静岡〜」「次は大阪〜」

T「えっ? また大阪に戻っちゃうよ。東京に行こうと思ったのに、間違えたかも」

*Tは乗り換えるが、運転手がいないため座って待っている。

A男「こっちですよ」
　＊隣のB男の電車を指す。
A男「携帯忘れた～」
　＊積み木を取りに行く。
　＊B男とC男は、紙に地図を書いている。
T　「何か事件ですか？」
　＊B男とC男に聞く。
C男「そうなんです。ここを行って、こう行くんだけど、石があって動けない」
　＊地図を指し説明する。
D子「先生、発車するよ」
　＊A男にお金を渡す。
A男「３００円おつりです」
　＊D子に紙のお金を渡す。
A男「これ、東京行きになります」
T　「あ～良かった。東京に行くみたい」

＊D子に話す。

B男「ぼくは自分の電車で帰るね」

＊操縦席に座る。

A男「次は山形です。これ終わったら着きます」

この会話の際には、A男とB男はそれぞれ別の電車に見立てられた椅子に座っています。A男が「のぞみ101発車しま～す」「次は静岡～」「次は大阪～」と言って、運転士ごっこをしています。この遊びを膨らませようと、Tは「えっ？　また大阪に戻っちゃうよ。東京に行こうと思ったのに、間違えたかも」と言います。この返答に対しても、A男は「こっちですよ」と言って、東京行きのイメージをB男の電車にかぶせるのです。この時、B男はC男と一緒に警察ごっこをしているようです。警察といっても、自分の描いた地図を持って、「そうなんです。ここを行って、こう行くんだけど、石があって動けない」と言っています。ここではまだB男とC男は、電車遊びの中にいて、路線を地図に見立て、そこに石があるという問題状況を想定して、自らが警察官になって解決しようとしているのでしょう。このB男とC男が並行して進んでいる中で、D子が紙のお金を渡して、A男の電車に乗り込みます。そのやり取りを見て、B男は「ぼくは自分の電車で帰るね」と言って、自分のイメージの世界に帰っていきます。A男も「次は山形です。これ終わったら着きます」と言って、この鉄道の遊びに一区切りをつけようとしています。

緩やかなつながりが発展していく鉄道遊び

この鉄道遊びの実践は、様々な観点から素晴らしいものだと思います。まず一つはそれぞれの子どもがそれぞれのイメージを一つの電車遊びに持ち込んで、それぞれが融合している点です。電車ごっこと警察ごっこがこの会話の中では融合しています。会話はうまく辻褄が合っています。会話の内容が文脈に合わせて、鉄道と警察と多少無理のある組み合わせであったとしても融合していきます。そしてもう一つの素晴らしい点は、子どもたちがこの電車遊びから乗り降り可能だということです。つまり、一回遊びに入ったらみんなでずっと遊ばなければいけないとか、途中から新しい人が入ってこられないということではなく、それぞれが独自のペースで入ったり、出ていったりすることができるということです。ここでは、子どもたちが独自に作った緩やかなルールで遊び、それぞれの子どもの意志を尊重し、かつ新しいメンバーを加えることができるというわけです。１年間、この

白梅幼稚園での電車遊びの様子。①車掌になっている子どもと、それぞれの会話を楽しんでいる子どもが共存

②電車に乗っている子どもも、乗っていない子どももそれぞれの物語を交わらせながら遊んでいる

③各自が興味をもって図鑑などを通して調べ物をし、遊びを深めている

鉄道遊びを見守った阿部氏によれば、それぞれの子どものイメージの世界が融合していき、秋以降はさらに協力して遊んだり、自分の役割を他の子どもとの関わりの中で理解しながら遊んだりすることができるようになってきたということです。

子どもたち同士の関わりに加えて、子どもたちの遊びの中の工夫としては次のような変化が見られたそうです。1学期には、アナウンスのマイクや運転装置をブロックや積み木で組み立て、想像の世界で遊んでいました。2学期になると、電車を停止させるためのストッパーや電車に燃料を入れるための道具など、整備や点検をするために必要なものを積み木で見立てたり、空き箱で作ったりという工夫がありました。友達が作った道具を見て、そこからヒントを得て新たな道具が生まれていきました。電車ごっこでは、装置や道具を創造し合うという遊びの要素も加わり、そのことが、さらに電車ごっこを発展させていくのです。

幼稚園教育で育つべきもの

このような幼稚園での電車ごっこは、記録だけを見ていても微笑ましいものです。また、先に見た明治期の和歌子の記録とも重なるところが多いです。１００年の時を経ても、子どもたちは同じように鉄道を素材にして、自分たちで遊びを作っていました。

さて、２０１６年に幼稚園教育要領が学習指導要領と併せて改訂された際に、中央教育審議会では幼稚園修了時までに育ってほしい具体的な10の姿を提示しています。それは、

1　健康な心と体
2　自立心
3　協同性
4　道徳性・規範意識の芽生え
5　社会生活との関わり

6　思考力の芽生え
7　自然との関わり・生命尊重
8　数量・図形、文字等への関心・感覚
9　言葉による伝え合い
10　豊かな感性と表現

となります。

この中で、非認知スキルであり、集団の教育の場で特に育てたいものが、3の協同性となります。このような協同性は、単に友達関係や仲間集団で楽しく過ごすこととは異なります。

日本の幼児教育・保育にとっての協同性概念の重要性を長く訴えている教育心理学者の無藤隆氏は、協同性は、目的を持って、友達や仲間、クラスの活動を行っていく中で養われると言います。ですが、そうなれば、何かの目的を持った日常のクラスでの活動などはすべて協同性の現れる場ということになります。もちろん、協同性は広く子どもの活動に現れる姿なのですが、無藤氏はこの目的というのは先生や保護者が与えるのではなく、子どもたちが自分たちでその目的を一緒に構成して、今後は自分たちの今の活動を再組織することが大切なのだと言います。すなわち、子どもたちが自分たちで目的を作って、その目的に応じて自分たちが今やっている活動を再組織＝組み替えなおしていくということが大切なのだというわけです。

ここで紹介した阿部氏の実践は、このような望ましい姿としての協同性が育ちつつある場と言えるでしょう。そして、ここで述べられているような鉄道遊びの実践は、子どもたちが自分で鉄道遊びの目的をその時々で作り、遊びを作り、それぞれ出たり入ったりするメンバーに応じて組み替えていくようなものでした。子どもたちそれぞれが自分の見通しをもって、目的を作り、それぞれが生き生きと活動を生み出しています。

このような遊びでは協同性だけではなく、先の「育ってほしい具体的な10の姿」のうち、4道徳性・規範意識の芽生え、5社会生活との関わり、6思考力の芽生え、9言葉による伝え合い、10豊かな感性と表現といった項目も育ちうるように思います。ぜひ阿部氏の実践例など参照されて、全国の幼稚園・保育所などで、このような遊びが展開されることを期待します。

鉄道好きの子どもとご家族の実例

ここまで幼稚園教育についての実践例について見てきました。では実際に、幼少期から中学生になるまで一貫して鉄道好き、というお子さんのご家族の実例も書いておきたいと思います。

Y君は、現在中学1年生で、鉄道が大好きです。Y君のお父さんは乗り鉄で、きっぷなどの蒐集鉄でもあります。今回お話を伺ったのはY君のお母さんで、お母さんは交通関連の会社に勤務しています。Y君は長男で、2歳下に弟がいます。お母さんも不思議なようですが、弟は鉄道好きではありません。

Y君は赤ちゃんの時、自宅のベランダから電車をよく見ていました。歩けるようになると保育園の帰りに踏切の方に行きたがり、毎日20分くらい電車を見物してから帰宅しました。保育園の帰りに「電車に乗りたい！」とせがまれて一駅だけ往復したり、わざわざ電車で遠回りして帰ったりしたこともあったそうです。こういった保護者の一苦労で、子どもの鉄道への興味は増してきます。

Y君の興味が消防車にうつった時期もありましたが、消防車には1ヶ月ほどで飽きてしまい、また電車漬けの日々となります。保育園にあった木製の電車のおもちゃがお気に入りで、絵が描けるようになると、毎日電車の絵を描いていました。もう少し大きくなり、絵本に興味を持つ頃になっても、読む絵本はほとんどが電車関係でした。電車以外の本も与えましたが、お気に入りは電車の本でした。

絵を描けるようになってくる2～3歳の時期は、手の細やかな操作も発達していく時期です。なかなか思い通りに描けないとはいえ、絵に子どもの個性が出てくるようになります。そして絵は、子どもが自分の気持ちを表現するのにとてもよい素材です。そして描けば描くほど細部が気になるようになり、図鑑や絵本、実物を精密に観察し、描く手と見る目で鉄道を把握し、知識を蓄えていきます。

Y君も3歳くらいになると、他の男児と同じように戦隊モノや仮面ライダーにも興味を示しました。お母さんがその手のおもちゃもいくつか買い与えましたが、それらのシリーズの放映期間が終わる1年後には、ぱったりと遊ばなくなりました。やはり継続して遊んでいたのは電車のおもちゃでした。1～2歳頃は一人でやっていた電車のおもちゃ遊びは、3歳くらいになると積み木も加わって、友達と一緒に保育室いっぱいになるほどの街を作っていました。描く絵は相変わらず電車ばかりでしたが、車輪やパンタグラフなどだんだん細部まで描くようになってきたそうです。鉄道好きのお子さんの遊びや絵は、その

サンライズ瀬戸

SLやまぐち号（2017年からは別の車両で運転）

かつて走っていた北斗星

北斗星の食堂車、グランシャリオ

子どもの発達に合わせて進化を続けていきます。

休日になると、Y君はお父さんと一緒に鉄道の旅に出かけました。3歳後半にはお父さんと二人で鉄道旅に出て、サンライズ瀬戸、SLやまぐち号、アンパンマン列車、北斗星、カシオペアなどを踏破していったそうです。以降も定期的にお父さんとの鉄道旅は続いています。基本的に家庭では男の子はお母さんを頼る傾向があるので、お父さんが子どもとのつながりを築くことはなかなか難しいものです。しかし、鉄道という共通の世界があれば、お父さんと子どもはずっとつながっていられます。

具体的な手法を提供し、背伸びをさせる

小学校にあがっても、Y君の鉄道好きは収まりませんでした。小学校への提出物や自由課題は必ず鉄道関連でした。ボール紙で方向幕を手作りしたり、プラレール車両にお母さんに手伝ってもらって自作の色紙を貼り、市販されていない車種に改造したりしました。ほかにも、インターネットで駅の「配線図」を調べて、お子さんに馴染みのあった東武鉄道や京成電鉄の駅の様子をプラレールで再現し、お母さんを驚かせたこともありました。お母さんが工作やインターネット検索を手伝ってしまうと、子どもの個性や自主性が育

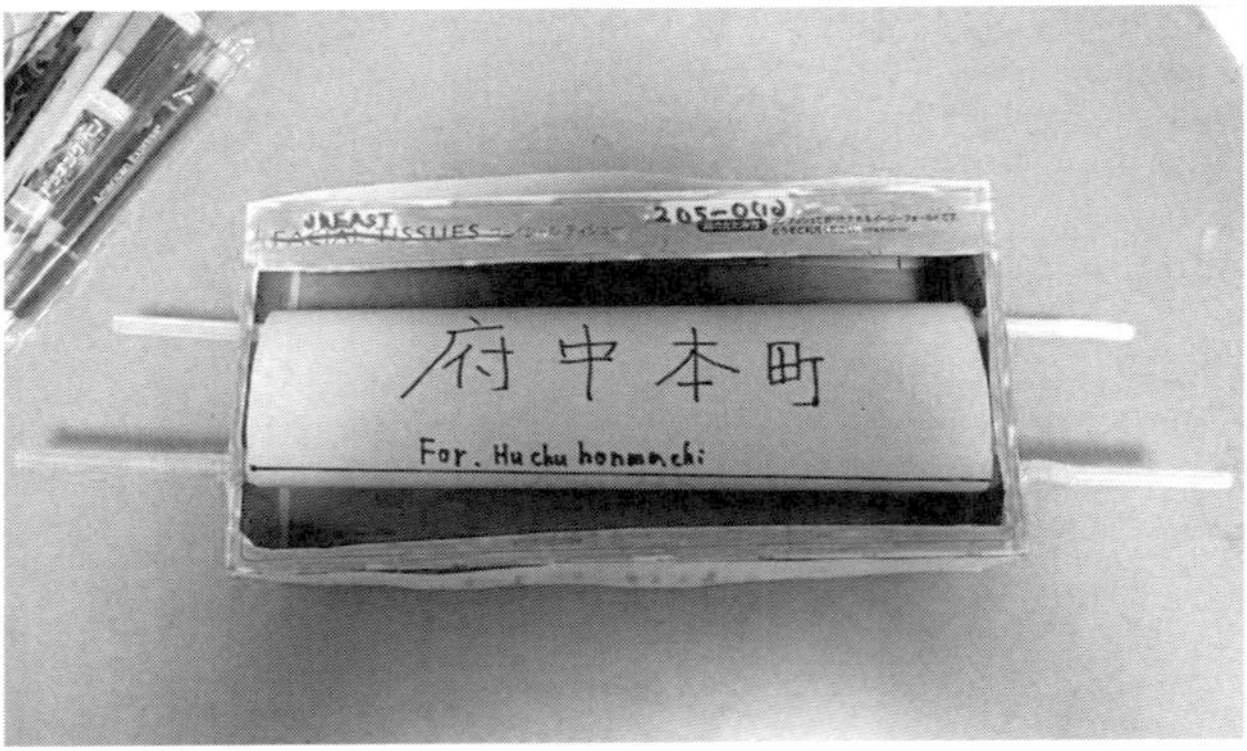

Y君制作の方向幕

たないのでは？　と思われる方もいるかもしれません。確かにアイデアや方向性を一方的に子どもに押し付けていては、子どもの個性や自主性は育ちません。ですが、鉄道好きのお子さんはすでにアイデアや方向性を習得しています。保護者の方は、それをどうやって具体化すればいいかについて、手法を提供し、ちょっとだけ背伸びをさせてあげればよいのです。そして子どもに、最初から最後までを作り上げるという達成感を経験させてあげましょう。もしも子どもだけで最後までコツコツと集中力を保つことが難しい場合には、一緒に作業を保護者の方が手伝ってあげれば、連帯感が高まります。

子どもの鉄道好きは理解できますが、保護者としては、子どもには勉強もしてもらわないと困ります。このY君も小学校1年生からは週2回、一区間電車に乗って、公文式の教室に通いました。公文式のおかげかY君は算数には困っていなかったそうですが、お母さんはY君が鉄道好きであることは、学校の授業ではあまり役立っていないと心配しているようです。しかし私は、鉄道好きだからこそ、算数に困らないほどかしこくなったのだと思います。また、高学年の時の担任の先生からは「社会のグラフや資料などを読み取る力がある」と言われたことがあるそうで、それは、時刻表や路線図を読みこなす鉄道好きだからこそ養われた力なのだと私は納得しました。

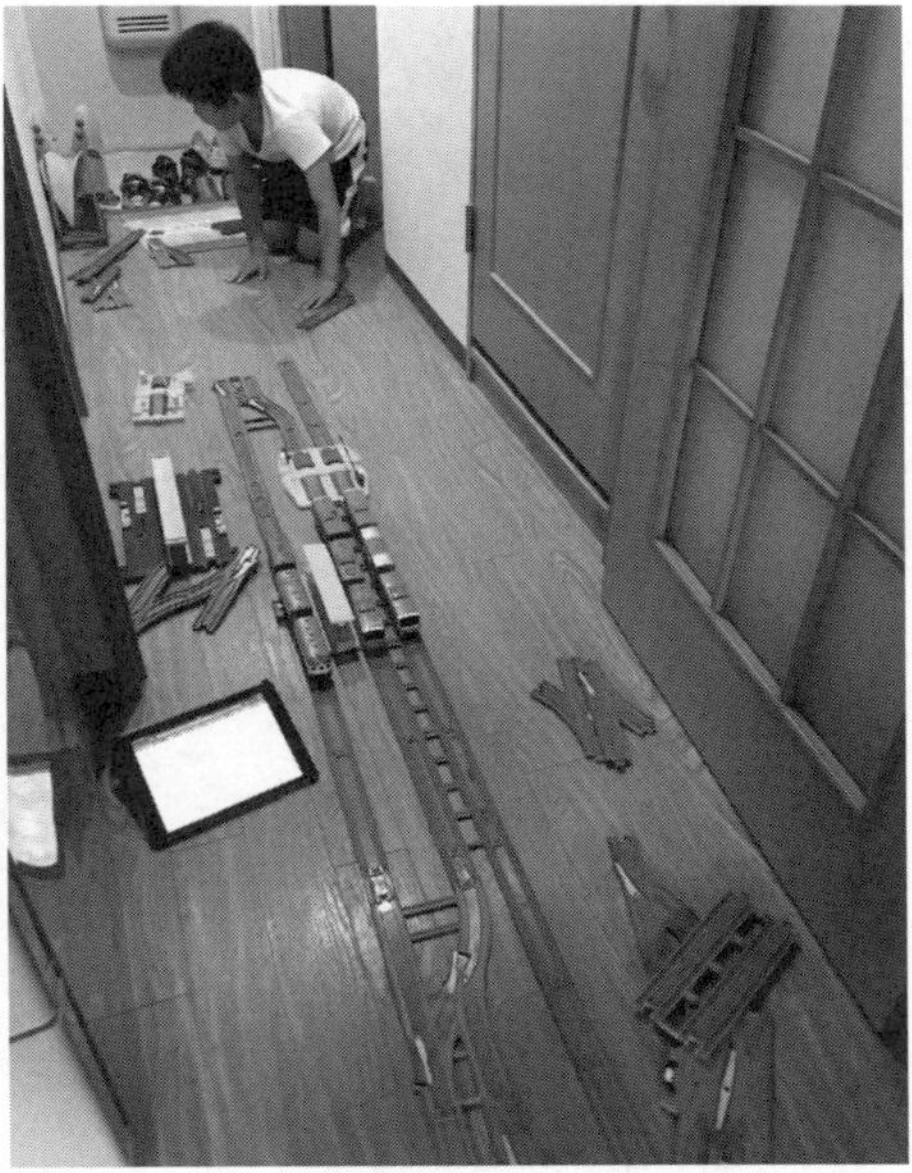
配線図をもとに、実際の鉄道駅をプラレールで再現

保護者とのコミュニケーションが安心材料

Y君の、子どもだけの鉄道旅が実現したのは小学校2年生の時でした。リニューアルした東武鉄道の特急電車「スペーシア」に子どもだけで一番乗りしたいと言うY君のリクエストに応え、お母さんはY君と弟さんを二人一緒に、一区間（浅草～北千住）だけスペーシアに乗せてあげたのです。お母さんは、浅草駅まで見送り、「降りたところで待っていなさい」と言い含めて、普通電車で北千住へ追っかけました。

Y君の鉄道への愛はマニアの域に入ってきましたが、動植物にも興味を示すようになりました。小学校4年生の時にクラスで飼っていた蚕を休日に世話係で持ち帰って、熱心に世話をしていました。また、カブトムシを幼虫から育てたこともあります。

それでもやっぱり、本人の頭の中のほとんどを占めるのは鉄道です。小学校5年生の時に、同好の士である鉄友と私設「鉄道クラブ」を結成し、クラスのほかの友達を誘って山手線に乗りに行ったりしました。クラブ設立には独自にルールを作り、家族には心配をかけないようにしていました。鉄道クラブには女子もいたので、女子向けに電車に乗ってスーパー銭湯に行く企画を立てたこともありました。Y君のお母さんは、行く予定のスーパー銭湯に小学生だけでの利用が可能かを問い合わせた上、Y君が誘った友達のお母さん

ある週末のY君。地域イベントの中で、Y君のブースは小さな子どもたちに人気だった

全員に外出許可の電話確認をしました。すでにすべての友達は、Y君が予め定めていた「親の許可を取ること」という参加ルールに則り、自分のお母さんから許可を得ていたそうです。鉄道好きのお子さんは、きちんと保護者とのコミュニケーションが取れているのです。

そして、小学校5年生の時、Y君は北千住〜熱海間をはじめて一人で特急列車に乗車しました。帰りは、社員旅行で熱海に出ていたお母さんと待ち合わせて、親子で熱海観光を楽しみ、一緒に帰宅しました。

リスク管理も教育の大切な要素

Y君は徐々に一人で鉄道を利用すること

に自信がつき、時刻表とにらめっこして一筆書きと呼ばれる鉄道路線の大回り乗車をするようになりました。お母さんも最初は許可することへのためらいがあったそうですが、出発前に行程表を提出すること、何か困ったことがあったら車掌さんや駅の職員さんにたずねることなどのルールを決めて送り出すことにしたと言います。こういった一人旅への許可に対して、保護者の方はいろんなリスクを考えます。間違って帰ってこられなくなったらどうしよう、犯罪に巻き込まれるようなこともあるのではないかと不安は募るばかりです。しかし、子どもたちはいずれ一人で町を歩き、一人でどこにでも行かなければならないのです。お子さんの精神年齢をきちんと見定めて、子どもが一人でできることとできないことの分別を保護者がきちんとつけることができれば、一人旅への許可も出せるのではないでしょうか。まだ無理という判断もあるでしょうし、無理は禁物です。しかしそれを通して、子どもが成長させようと決断されたら、思い切って行かせることも大切です。その場合は、もしこうなったらこうするというリスク管理を事前に子どもと共有しておかなければなりません。リスク管理も教育の大切な要素です。

さて、Y君の小学校の個人的な卒業旅行は、クラスの鉄友とのムーンライト信州に乗る旅でした。ムーンライト信州は夜行です。お母さんは許可するのにさらなる勇気が必要でした。ダメと反対するのは簡単ですが、いろんなリスクを考えながらも、子どもの成長を思って許可したそうです。この旅でY君は、気分が悪くなった鉄友を介抱してくれた長野の高校生や、乗り過ごしそうになった時に起こしてくれた新潟のおばあさんに会うなど、旅ならではの体験ができました。旅に出るといろんなことがあります。旅先での病気や災害などは予め想定しておいた方が得策です。どうするかをきちんと話し合って、具体的な対処策を案出しておくのがリスク管理です。そして、突発的な困難に対処できれば、子どもは一回りも二回りも大きくなって帰ってくるでしょう。

大人になった時に生きていける力をつけてほしい

Y君は現在中学生になり、大回り乗車のほか、トクトクきっぷを駆使した乗り鉄ライフを楽しんでいます。青春18きっぷを活用した東京～仙台間の往復旅の際復路に乗車した常磐線では、東日本大震災の影響で不通となっている区間の代行バスに乗りました。帰宅後、「帰宅困難区域を走りますので窓を開けないでください」とアナウンスが流れたことや、窓から見えた荒れた風景の様子を、お母さんに話してくれました。その時に見た風景は、きっと大人になっても心に残り、人格を形成していく風景となるでしょう。子どもの中で生き続ける風景は、さらに子どもが将来築くであろう家庭の中で語り継がれ、家族の記憶となっていきます。

最近では、半世紀近くに亘って大阪環状線で活躍した103系電車を目に焼き付けるため、東京から大阪まで一人旅にも出かけました。お母さんは手作りのおにぎりを持たせ、時間とお小遣いを無駄にせずに、最大限の乗り鉄ライフを楽しませるような手助けをしています。

Y君は、とにかく鉄道が大好きで、将来は鉄道会社に就職したいと公言しています。お母さんとしては、学校の勉強は中くらいでもよいので、大人になった時に生きていける力をつけてほしいと願っています。そして、できる限り応援してあげたいと思っています。

車両の形式も本でチェック

お母さんの願う「鉄道好きだからこそつく生きる力」、それはこの本でここまで探求してきてきたものです。Y君の経験は、「はじめに」で述べた、周囲の協力がないと育たない「非認知スキル」を育てている事例と言えるでしょう。

発達障害児の療育としての鉄道教育

別の教育の事例も紹介します。株式会社結心が運営する大阪の児童発達支援・放課後等デイサービス「ゆうしん」とジオラマ学童保育「鉄学館」では、Nゲージの鉄道模型のジオラマを用いた療育および学童保育が行われています。元々は、Nゲージを走らせることができるカフェを経営していた寺岡直樹氏の趣味で、鉄道を活用した教育・保育の仕組みが出来上がったといいます。寺岡氏はそのカフェで高齢の方と小さい子どもが鉄道の話で盛り上がっていたことや、発達の支援が必要な方がたくさん来てくれていたことなどから、このような教育・保育の施設を立ち上げました。２０１６年の春からの開業ですが、現在の登録は5歳から18歳までの20名ほどで、常時10名程度の子どもたちが来ています。

発達支援が必要なお子さんには、今日、大きな社会的関心が寄せられています。年々、発達支援が必要という児童、つまり自閉症スペクトラムや注意欠如多動性障害などを持つ児童は増加しています。学校現場では教員を増員して対応し、特別支援教育にも行政は力をますます入れていますが、増加する支援が必要な子どもにまだまだ手が完全に回りきっていない現状があります。このような現状から、児童発達支援・放課後等デイサービスなどで、学校教育では手の届かないところを個別にフォローする事業が多く始められました。

自閉症スペクトラムのお子さんは、鉄道などの乗りものに興味を持つことが多いと言われています。S・バロン＝コーエンが言うように、コミュニケーションによって他者と交流するよりも、自分の興味のあるシステムの中に完結した世界を見つけるのが得意ないわゆる「男性脳」の働きは、自閉症スペクトラムの症例と大いに共通性があるというのです。誤解を避けるために言いますと、鉄道好き＝男性脳＝自閉症スペクトラムということではありません。しかし、先に見たような脳の働きという観点から見ると、それらの三つの脳の働きには、自己の中で完結した世界を求めるシステム化の傾向があるということです。そのシステム化傾向は、人々の生活の中では鉄道好き、男性脳、自閉症といった現れ方をします。この三つが重なる方もいますし、そうでない方もいます。そして、傾向として、それらが重なるという方は多く見られるということです。

子どものこだわりを、鉄道模型を通して可視化する

このようなことから、発達障害の傾向を持つお子さんの支援に、鉄道を活用するというのは、自然なことだと思います。そして、この結心を運営する寺岡氏のもとには、鉄道好きの児童が毎日自発的にやってきています。ただし「この場所は教育の場所なので、鉄道は子どもが自分で自分の生活を律するツールとして用いています」とスタッフの髙本敬士氏と高坂真哉氏は話してくれました。

結心の教室にはいくつかの部屋がありますが、一つの教室には大きな鉄道のジオラマがあります。こちらは鉄道模型を愛する寺岡氏や高坂氏たち有志で組み立てたものです。軌道も5本あり、それぞれ独立して操作することができます。ここにはじめてやってきた小学生は、「もうずっといたい、帰りたくない」と駄々をこねたと言います。またここに置かれている鉄道模型だけを走らせるのではなくて、お小遣いをためて自分のNゲージの鉄道模型を買った子どももいます。しかし、このような子どもたちも鉄道模型で遊びに来るだけではなく、遊ぶのは宿題をやってからと自分でルールを決めているそうです。鉄道模型という素晴らしいご褒美（インセンティブ）によって、自分で自分をコントロールする練習をしているというわけです。

Nゲージのジオラマを用いて療育および学童保育を行う

また、こちらに来ている子どもたちの中にはコミュニケーションが苦手な子どももいます。特に自閉症の傾向のある子どもには、自分の感情などを表現することがほとんどできない子どももいます。そのような子どもはこの教室に来るようになった最初の頃はほとんどの指導員に心を開くことができません。しかし、このジオラマの前に座って、時間を過ごしているうちに、ぽつりぽつりと言葉を発してくれるようになったと言います。また、ある高校生は、現在の時間に合わせて時刻表通りに鉄道模型を走らせるこだわりを持っていると言います。時刻表通りに列車を走らせ、その間の速度を調整しながら、時刻表通りに駅に停車させます。このような行動は発達障害の児童に見られる「こだわり行動」なのですが、児童の中にあるこだわりが鉄道模型を通して可視化されることによって、周りの人々にも認識されるようになります。一般に発達障害の児童に対しては、この子が何にこだわっているのかわからず、周りの大人が理解に苦しむということがあります。ですが、このような鉄道模型というツールを通して、子どもが何かを表現しようとしていると周りの大人が理解を始めれば、子どもの方もだんだん心を開いて、大人との信頼関係を築いていくことができると、スタッフの高坂氏は述べてくれました。ともかく、ここでは鉄道はツールなのです。大人と、自分を表現するのに困難を抱える子どもとが壁を乗り越えてコミュニケーションするツールなのです。この結心のような場所が全国に拡がっていけばよいのにと見学させていただいて感じました。

灘高校・灘中学校の鉄道研究部

全国の大学や高校には、たくさんの鉄道研究部があります。最近では、このような学校での活動が注目されて、地域や商業施設での鉄道イベントなどに駆り出されてジオラマを展示するなどということが多く見られるようになってきました。

さて、ここで取材させてもらった中高一貫の灘高校・灘中学校は関西のみならず、全国有数の進学校であり、独自の校風を持つ学校として知られています。同校の鉄道研究部では、各メンバーが独自に研究を行い、『どんこう』という名の部誌に寄稿しています。そこには各メンバーの詳細な鉄道旅行記および「阪急６０００系徹底解説」などの綿密な調査が掲載されています。また随時ホームページに研究成果をアップしています。

灘高校・灘中学校の鉄道研究部の部員は、２０１７年10月現在35名で、中1が6名、中2が10名、中3が1名、高1が9名、高2が6名、高3が3名です。平日の放課後、集まってきては2〜3時間活動しています。研究は、電気班、模型班、工学班、軌道班、起稿班とジャンルに分かれても行っています。各メンバーは勉学と並んで熱心に鉄道について研究を進めています。現在の活動をメンバーの6名に聞くと、鉄道の路線沿いを歩いたり、鉄道路線の大回り乗車をしたりしているそうです。鉄道模型の収集や改造、時刻表解読など大人の鉄道ファン同様の研究もしています。また、車両の形式番号に規則性を見つけたり、ダイヤグラムを自作、架空の鉄道を作ったりなどという話も聞かれました。

理想的なアクティブ・ラーニングの姿

では、強いられて行う勉強ではなく、研究を独自に進めていくようなこの鉄道好きの子どもたちはどんな幼少期を過ごしてきたのでしょうか。そして、その幼少期の経験がどん

文化祭で展示するためにレイアウトを制作中の灘校鉄道研究部部員

研究成果は随時ホームページ「灘校鉄道研究部公式ブログ」にアップされている

な風に生きているのでしょうか。現在の部員に聞いてみると、6名ともがやはりプラレールでよく遊んでいたようです。プラレールで、論理的思考能力やパズル力が培われるといった回答もありました。また、車庫に電車をよく見に行っていたとか、駅のホームで一日中電車を眺めたり、かつて大阪に存在した交通科学博物館によく行ったりしていたという声も聞かれました。これらは保護者の理解がないとできなかったことでしょう。幼少期に駅名を漢字で書いていたというメンバーも2名いて、さらにはこの時期に時刻表を集めていたというメンバーもいます。やはり幼少期から結構マニアックです。生まれてはじめて話した言葉が「新幹線」だったという話も聞きました。ちなみに私の子どもが最初に話した言葉も、一人目は「でんしゃー」、そして二人目は「じぇーあーる（JR）」でした。

とはいえ、鉄道ばかりが好きだったわけではなく、幼少期には公園で砂遊びもしたり、生き物の世話が好きだったりと一般的な子どもと変わらない好みです。パズルやレゴが大好きだったという話も聞いていますが、これらも多くの子どもが好きなおもちゃです。

ですが、鉄道趣味を通して学んだことというテーマで、この生徒たちに話を聞きますと、やはり灘の生徒です。例えば、地方都市における鉄道のあり方といった回答がありました。各都市における交通機関の違いや、それと町や都市の発展との関連といったことを考えているそうです。また、地方の路線に乗って旅行することの楽しみを知り、一人で出かけるようになったという声もありました。自立心も養われているようです。また地方に出かける場合は列車の本数が少ないので、よく調べて、時間を守って散策をすることを学んだとも答えてくれました。駅名や車両形式を覚える時に記憶力が培われるとか、学校の勉強では、社会の学習には役立っているのではという意見ももらいました。

この灘校鉄道研究部は、１９６５年からの歴史も伝統もある部です。この部では単に鉄道の研究ではなく、鉄道の研究を通した知性の開発がされているのだと、今回の取材を通して感じました。ここに書かれている回答を、中学校・高校の生徒が意識しながら、鉄道の研究をしていて、そしてそれが子どもたちの学習に役立っています。そして、この灘校の事例は特殊なケースではなく、日本全国の学校でこのような活動がされています。個々人の趣味の研究がクラブで共有され、さらに個々の中で深められていく。そこには大人がいなくても、自発的に学び、自由に議論し、思考を表現する理想的なアクティブ・ラーニングの姿があるように思えます。

おわりに

大きく変わる大学入試という関門

さて、ここまで新しい教育の流れに関連させながら、鉄道好きの子どもがどのようにかしこくなるのかを論じてきました。人工知能にはできない人間ならではの生活の質を高めるための教育が今新たに作られようとしているのですが、しかし、保護者の皆様の関心はやはり入試という、子どもにとっての大きな関門にあるのではないでしょうか。確かに、その通りです。どんなにかしこくなっても、世間的に評判のよい学校に行ってもらわなくては困るという気持ちは私にもよくわかります。

ですが、今回の学習指導要領の改訂などと並んで、大学入試のシステムも大きく変わろうとしています。2019年度で大学入試センター試験は廃止され、大学入学共通テスト(仮)が2020年度から始まります。そして、これを境に、大学入試が「受験」から「受検」に変わることになります。えっ? それって漢字の違いだけでしょう? と思われるかもしれませんが、試験の概念そのものが変わってしまうのです。現行の受験とは、一回勝負の試験を受けて競争するというイメージがありますが、新しく採用される受検では、大学入学の学力があるかどうかを何回かの機会を作って検査するというイメージに変わります。つまり、一点単位で当落を決めて受検生を厳しく選抜するというよりは、幅を持たせて多様な能力に応じて入学させるというシステムに変わるようです。

現在も大学入試改革については議論が進行中でまだまだ変更の余地もあります。文部科学省としてはもちろんペーパーテストの学力は重視しますが、第三章で紹介した学力の三要素―知識・技能、思考力・判断力・表現力、学びに向かう力・人間性―のすべてが問われるものになりそうです。具体的には、以下の要素を総合的に数値化し、多面的に判定することで入学者を選抜することになるといいます。

・「大学入学共通テスト（仮）」の結果（英語は英検、ＴＯＥＩＣなどの各種民間業者試験でも代替可能。いずれは民間業者試験に一本化）
・希望学校・学部の特性に適った入学希望書、学修計画書
・各大学で実施の試験（学力試験、エッセイ、面接、ディベート、グループ討論、グループワーク、プレゼンテーションなどから各大学の学部が独自に設定）
・高校からの調査書、推薦書

・受検者が作成する活動報告書
・各種大会や顕彰などの記録、資格・検定試験の結果

前述のうちから何を選び、どのような点数配分にするかは各大学に任されていますが、これからの子どもが受検する大学入試は、親世代のそれとはずいぶんと違ったものになりそうです。現在でも実施されている推薦入試、AO入試といった受験生の個性や特筆すべき能力を問うような試験は、学力試験では測れないような能力を持つ受験生を対象にしたものです。それが、今後は、東京大学のようなエリート校をはじめ、日本全国の多くの大学が学力検査を一つの要素とするような多面的な選抜を取り入れていくことになります。

新しい入試でも即対応！「鉄道メソッド」

さて、本書は、子どもの鉄道への興味をどのようにぐんぐんと伸ばして、子どもをかしこくするかについて述べてきました。すでに確認したように、もちろん、鉄道と子どもの関わりは記憶力などの「認知スキル」の向上に大変有益であるのみならず、鉄道を通して子どもと保護者や社会の他の成員がふれ合うことで「非認知スキル」も育ちます。さらに

最後になりますが、鉄道を通して学んだことは、新しい大学入試にもぴったりと役に立つと強調したいのです。

改めて本書の骨子として、新しい大学入試との結びつきを示しながら、ここまでの「鉄道メソッド」についてまとめます。

●子どもと一緒に同じものを楽しむ　愛着こそが子育ての基礎

赤ちゃんの時期の子どもの鉄道との関わりは、保護者と一緒のものです。保護者は抱っこやベビーカーなどで子どもを連れて、駅やビューポイントで電車を待ちます。一緒に同じものを見て、同じように興奮し感激することは、親と子の愛着関係の基礎となるものでした。このような保護者と子どものつながりは、乳幼児だけのものではありません。子どもにとっては、その後の長い長い人生の最初のボタンです。最初のボタンがはまらないと、後はすべてずれてしまいます。この最初のボタンがうまくかかっていることが、「認知スキル」にせよ、「非認知スキル」にせよ、大切な基礎になるものなのです。

●男の子はもちろん女の子でもシステム思考を身につけよう

多くの保護者が実感しているように、調査でも1～3歳の男の子が特に鉄道を好きなことが示されています。鉄道好きの男の子は、多くの情報に接して、それをカテゴリー別に吸収していく棚を頭の中に作っていきます。図鑑を通して世界の様々な事物と分類を学ぶように、鉄道の世界は自然にシステム的な思考を身につけるよい素材です。確かに男の子の方がこのような思考を好む傾向がありますが、女の子だからといって、そのようなことに馴染まないわけではありません。保護者の方がうまく女の子のお子さんを導くことでそのようなシステム思考の芽を大きくすることができます。そのために、女の子と保護者の方がいろんな話をしながら、鉄道の世界に触れて、馴染んでいくことはよいことだと思います。もちろん、無理に「鉄子」にする必要はありませんが、少しでも興味を示した時がチャンスです。

●好きなことはどんどん吸収する　鉄道は学びの宝庫

鉄道好きの子どもはどんどん自分で興味のあるものを吸収していきます。絵本や図鑑を読んだり、ＤＶＤを見せていたりしたら、そこに載っている車両の名前を自然に全部暗記しているなんてことはざらにあります。2～3歳の時期は言葉を爆発的に吸収していく時期です。そのような貴重な時期に鉄道の知識なんて……と思わずに、先に述べたように、鉄道の世界を通して得られるものは、頭の中の知識の整理棚と脳内の神経伝達ネットワークです。鉄道への興味を通して、子どもの頭はどんどん機能的に優れたものになっていきます。そして、おもちゃや絵本、図鑑などを通して学び、また実物の車両を見たり、交通系の博物館に行ったり、鉄道を使って旅行することで様々な周辺知識が拡がります。「三つ子の魂、百まで」とよく言いますが、興味関心のあることをこの時期にはどんどん与えましょう。

●自分の好きなことを人に伝えてみよう　表現力の芽は家族の受容から

鉄道好きの子どもは、車両や路線の知識を覚えます。私も車両の名前や路線名、駅名をよく覚えていましたが、それを子どもは誰かに伝えたいのです。ＤＶＤや図鑑を見ながら、まだ文字の読めない時期に車両名を言い当てることは子どもにとって自信になります。保護者の方もどんどん受容して、「すごい、じゃこれは?」と質問してあげてください。ほめられるとさらにどんどん覚えようという気になります。3歳くらいから文字を習得する時期までは、興味のあることならばどんどん覚えて知識を増していきます。

また、特に大切なのは、保護者が丁寧に子どもの質問に答えてあげることです。４歳くらいからどんどん好奇心が強くなり、信頼ができる人には「これ何?」「なんで?」と質問を繰り返します。中には答えに窮するものもありますが、できるだけ丁寧に答えてあげましょう。となると、保護者の方も鉄道に関する知識を学んでおかないといけません。まだ子どもの特性に応じた答え方というのも工夫しないといけません。でもどうやっても知らないことは出てきます。そんなときはスマホで調べても結構です。ただし、「ここにこう書いてあるから」では子どもには伝わりません。書いてある内容を咀嚼して、子どもに伝える必要があります。こうして、鉄道を通して、保護者も子どもの知らないことを一緒に学べます。また保護者が上手に説明すればするほど、子どもの知識や理解力も増しますし、加えて、わかりやすく人に伝えるという表現力も身につけることができます。親の伝え方が子どもの伝え方になります。子どもは親の鏡というのは確かなことだと思います。

●かわいい子には鉄道旅を　時刻表や路線図は思考力・判断力を育てる

『可愛い子には鉄道の旅を』というのは、この本も収められている交通新聞社新書シリーズの栄えある一冊目のタイトルですが、まさにその通りです。もちろん、最初は保護者の方がプランを組んで、旅程を考えればよいと思いますが、もしお子さんが時刻表や路線図に興味があるならば一緒に眺めて、また旅行先の情報や楽しみをお話しすればよいと思います。すでに述べたように、最短最速だけが旅行の楽しみではありません。「大回りになるけど、この路線を通れば、こんなところに行けるよ」とか、「ここまで行くとこんな電車に乗れるよ」とか子どもの興味をより喚起するようにプランを立てればよいと思います。自分も関わって作った旅程ならば、多少ハードな旅でも子どもはへばらずに来てくれます。また本文でもすでに述べましたように、鉄道の旅は、車での旅では得られない、子どもの育ちを与えてくれます。車内でのマナーやいろんな地域の方とのふれ合いが子どもの道徳性や社交性の芽を育てます。

●自分の特性を伸ばす　自己肯定感は自分を知ることから

もし、お子さんが鉄道を好きで好きで好きすぎて仕方なく、でも周りに理解してくれる友達がいなかったら……と保護者の方は心配するかもしれません。でも、鉄道好きが蔑まれる時代ではありません。鉄道好きというのは大変強い個性の現れです。また自己の主張や表現です。鉄道好きを通して、開けてくる世界もありますし、独自のスキルの発達にもつながります。また鉄道好きでなければ起こりえない素晴らしい出会いもあるでしょう。

この「おわりに」の冒頭にも書きましたが、これから大学入試をはじめとした日本の教育システムが変わります。少子高齢化などの日本が抱える大きな問題の解決策として、教育を変えていくしかないところまで日本は追い詰められています。日本の教育の方法が大きく変わるのは確かなことですが、そこで求められる知性とは、これまでの理想と変わるものではありません。きちんと知識や技能を自分の頭と身体で理解し習得し、今自分がいる状況に照らして、必要な知識と技能をアレンジして使い、その使用の状況を周りの人々の評価に応じて変えていき、自分の知識・技能と周囲の環境を高めていけるような知性が求められています。この知性は「生きる力」と日本の教育で言われてきたものです。

これは別段変わった力ではないはずですが、日本社会には個性や突出した能力を堂々と人前で出せないとか、空気を読みすぎて自分からは何もできないという方が多くいます。鉄道ファンは自分の興味のあるものを持っています。自分の特性も知っています。そして堂々と自分を表現できます。自分の好みに沿ってプランを立て、行動できます。本書は鉄道好きの子どもがより社会で生きる力を高めていくために、保護者に向けて書いた本です。

保護者の皆さん、自信を持ってください。鉄道を通して、あなた方のお子さんは健全に育っています。大学入試でも社会でも通用する力を持っています。

鉄道好きのお子さんたち、自分を肯定してください。鉄道を通して、社会の中で生き抜いていく力が皆さんの中では育っています。

最後になりましたが、この書を書くに当たって、一番お世話になったのは、そもそもの企画も担ってくださった交通新聞社の編集者・平岩美香氏でしょう。彼女の叱咤激励とムチによって私のような駄馬でも最後まで走り、ゴールまでほぼ制限時間通りにたどり着くことができました。そして、驚くべきことに私は彼女のことを出会う前によく知っていたのでした。私の好きな漫画家の一人に松本英子氏がいますが、彼女の書いた『ステキな東京魔窟―プロジェクト松』（交通新聞社　２００６年）はお気に入りで何度も読み返していました。本書を書き出したある日、書架から同書を見つけ、「ああこれも交通新聞社の本か」と思った瞬間、頭の中で何かがつながりました。平岩さん＝「Ｈ岩さん」……そうだったのです、この漫画に出てきて、主人公である松本氏に随行する「Ｈ岩さん」とはこの平岩美香さんだったのです。

もう一人、直接謝意を伝えたくてももう伝えられない編集者の内浦亨氏にも感謝の気持ちを書かせてもらいます。私の鉄道に関する前著は『子どもはなぜ電車が好きなのか』（冬弓舎、現在は行路社から販売）ですが、これは内浦氏との二人三脚で生まれたものでした。氏は大変残念なことに２０１５年の夏に事故で急逝されました。前著の発展版とも言える本書をお捧げするとともに、ご冥福をお祈りしたいと思います。

本書に具体的に関わってくださった皆様にも感謝申し上げます。残念ながら紙幅の関係で、直接本書でお名前や社名をあげている方のみ出ている順番で謝意を示したいと思います。最初に「子どもは電車でかしこくなる」という視点を与えてくれた編集者の若尾礼子氏。同じ研修会でお話しさせていただき、本書の脳科学的ヒントをいただいた東北大学脳科学センター教授の瀧靖之氏。幼少期の乗りもの習慣と子どもの性格形成に関する研究について快く教えてくださった筑波大学大学院システム情報工学研究科准教授の谷口綾子氏。サイト「乗りものニュース」に寄稿した拙原稿を本書に再録することをお許しくださったメディア・ヴァーグの下山光晴氏。プラレールについての取材に丁寧に答えてくださったタカラトミープラレール企画部の方々。大阪市立愛珠幼稚園の元園長であり同園の資料から貴重なアドバイスをくださった西小路勝子氏、松村紀代子氏のお二人。電車を用いた実践を行い取材にも事例を出してくださり応えてくださった白梅学園大学附属白梅幼稚園／お茶の水女子大学大学院在学中の阿部かほり氏。先進的な療育の現場を取材させてくださった結心の寺岡直樹氏、髙本敬士氏、髙坂真哉氏。そして、テスト前の忙しい時期にアンケート調査に協力してくださった灘校鉄道研究部の皆さん。どうもありがとうございました。本来ならばお目にかかり、きちんと御礼申し上げる必要があるかと思いますが、ここでお名前をあげさせていただき、直接の御礼の代わりとしたいと存じます。

また、この書は我が家の成長の記録でもあります。鉄道が好きではなかったかもしれないが、父に付き合って電車を見に行っていた陽来と慈朗、そして仕事が忙しくなりあまり見に行けなかった潤造には感謝をしないといけないでしょう。彼らのお陰で父は結婚前には思ってもみなかったテーマでまた本を書くことができました。

最後には、やはり妻にも感謝を伝えないといけないでしょう。素晴らしい息子たちを産んでくれ、そして日々育ててくれている妻のみな子には謝意をいくら伝えても感謝できないほどです。彼女の子育てから多くを学びました。どうもありがとう。

主な参考文献

（はじめに）

◇OECD, Fostering Social and Emotional Skills Through Families, Schools and Communities, OECD Publishing, 2015 （翻訳：池迫浩子　宮本晃司　ベネッセ教育総合研究所訳「家庭、学校、地域社会における社会情動的スキルの育成」ＯＥＣＤ　ベネッセ教育総合研究所　２０１５年）

◇無藤隆　古賀松香編著『社会情動的スキルを育む「保育内容 人間関係」』北大路書房　２０１６年

◇棚澤明子『子鉄＆ママ鉄の電車を見よう！電車に乗ろう！（首都圏版）』プレジデント社　２０１６年

（第一章）

◇弘田陽介『子どもはなぜ電車が好きなのか―鉄道好きの教育〈鉄〉学』冬弓舎　２０１１年

◇『日経ホームマガジン 親子の鉄道大百科』日経ＢＰ社　２０１２年

◇バンダイこどもアンケート「お子さまの好きなキャラクターに関する意識調査」２０１７年５月調査分

◇芝田圭一郎　弘田陽介「遊びメディア」を通した家庭内男性と子どもの関わりについてのアンケート調査とその考察」『大阪城南女子短期大学研究紀要』第50巻　２０１６年　所収

◇芝田圭一郎　弘田陽介「遊びメディア」を通した家庭内男性と子どもの関わりについてのアン

ケート調査とその考察（2）―「乗り物」および「ヒーロー物」への子どもの興味の分析―」『大阪城南女子短期大学研究紀要』第51巻　２０１７年　所収
◇N・キャリー　中山潤一訳『エピジェネティクス革命』丸善出版　２０１５年
◇U・ゴスワミ　岩男卓実他訳『子どもの認知発達』新曜社　２００３年
◇L・A・カーツ　川端秀仁監修　泉流星訳『発達障害の子どもの視知覚認識問題への対処法』東京書籍　２０１０年
◇藤智亮『揺動刺激と音刺激が児に及ぼす鎮静効果に関する研究』九州大学博士論文　２０１４年
◇J.M.Mandler,Development of categorisation: Perceptual and conceptual categories, in G.Bremner, et al (Eds.), Infant Development: Recent Advances, Psychology Press,1997
◇坂田陽子「第一章　乳幼児の知覚世界」加藤義信編『資料でわかる認知発達心理学入門』ひとなる書房　２００８年　所収
◇山口真美『赤ちゃんは世界をどう見ているのか』平凡社　２００６年
◇B・ド・ボワソン＝バルディ　加藤晴久他訳『赤ちゃんはコトバをどのように習得するか』藤原書店　２００８年
◇E・H・エリクソン　仁科弥生訳『幼児期と社会1・2』みすず書房　１９７７年・１９８０年
◇瀧靖之『16万人の脳画像を見てきた脳医学者が教える「賢い子」に育てる究極のコツ』文響社

２０１６年
◇三宮真智子編著　『メタ認知：学習力を支える高次認知機能』　北大路書房　２００８年

（第二章）

◇Ｊ・Ｊ・ヘックマン他　古草秀子訳　『幼児教育の経済学』　東洋経済新報社　２０１５年
◇『週刊東洋経済　教育の経済学』　東洋経済新報社　２０１５年10月24日号
◇やまだようこ　『ことばの前のことば』　新曜社　１９８７年
◇北山修編　『共視論　母子像の心理学』　講談社　２００５年
◇Ｗ・ミシェル　柴田裕之訳　『マシュマロ・テスト―成功する子・しない子』　早川書房　２０１５年
◇許欣　谷口綾子　「日本の子どもの交通行動の変遷とその影響―幼少期の生活環境と成人後の大衆性に着目して」『土木計画学研究・講演集(CD-ROM)』Vol.55　２０１７年　所収

（第三章）

◇G.M.Alexander, M.Hines, Sex differences in response to children's toys in nonhuman primates (Cercopithecus aethiops sabaeus), in Evolution and Human Behavior　Volume 23, Issue 6, 2002
◇Ａ・ピーズ　Ｂ・ピーズ　藤井留美訳　『話を聞かない男、地図が読めない女』　主婦の友社

２０００年
◇斎藤環『関係する女 所有する男』講談社　２００９年
◇S・バロン＝コーエン　三宅真砂子訳『共感する女脳、システム化する男脳』ＮＨＫ出版　２００５年
◇M.Hines ,Brain Gender, Oxford University Press, U.S.A.,2005
◇タカラトミー編『PLARAIL CONCEPT BOOK』（非売品）２０１１年

（第四章）

◇和歌子「幼児の汽車遊び　幼稚園百三十年記念企画 アーカイブズ『幼児の教育』（2）」日本幼稚園協会『幼児の教育』Vol.105 no.6　２００６年　所収
◇愛珠幼稚園『保育日誌』大阪市教育センター所蔵
◇阿部かほり「電車あそび」白梅学園編『白梅の保育』No.11　２０１５年　所収
◇無藤隆『幼児教育のデザイン　保育の生態学』東京大学出版会　２０１３年

（おわりに）

◇山内太地　本間正人『高大接続改革』筑摩書房　２０１６年
◇石川一郎『２０２０年の大学入試問題』講談社　２０１６年
◇村山茂『可愛い子には鉄道の旅を―6歳からのおとな講座』交通新聞社　２００９年

弘田陽介（ひろたようすけ）
1974年生まれ。京都大学大学院教育学研究科博士課程修了。博士（教育学）。福山市立大学大学院教育学研究科・教育学部准教授。著書に『近代の擬態/擬態の近代—カントというテクスト・身体・人間』（東京大学出版会　2007年）、『子どもはなぜ電車が好きなのか—鉄道好きの教育〈鉄〉学』（冬弓舎　2011年）。雑誌やテレビなどでも独自の鉄道文化論が紹介されている。

交通新聞社新書117
電車が好きな子はかしこくなる
鉄道で育児・教育のすすめ
（定価はカバーに表示してあります）

2017年12月15日　第1刷発行

著　者——弘田陽介
発行人——横山裕司
発行所——株式会社　交通新聞社
http://www.kotsu.co.jp/
〒101-0062　東京都千代田区神田駿河台2-3-11
NBF御茶ノ水ビル
電話　東京（03）6831-6550（編集部）
東京（03）6831-6622（販売部）

印刷・製本—大日本印刷株式会社

ISBN978-4-330-84417-6